Julius Vapiano

It Tastes Like Ashes – Gastro Guide 24

Zeichnungen von Joram Schön

Für Köln

Zero Banchi

Immermannstr. 34
40210 Düsseldorf

wenn du in köln gut sushi essen willst, führt eigentlich kein weg dran vorbei, nach düsseldorf zu fahren. eigentlich man kann daraus die ganz allgemeine regel ableiten, wenn man essen gehen will, es lieber nicht in köln zu machen. natürlich wie bei jeder guten regel hat sie ausnahmen, aber wenns jetzt um eine sichere bank geht, dann soll man lieber nicht in köln essen gehen, am besten ins ausland übersiedeln oder, unabhängig vom skill level, selbst zuhause kochen. aber beim essen gehen gibts ja nicht nur den faktor leckeres essen, sondern zeit, zusammenkommen, draussen rumsitzen usw, naja dazu mehr in den anderen reviews.

esther und ich haben so eine tradition, dass wir am 1.1. sushi essen gehen, und am 1.1. haben nur imbisse natürlich geöffnet in köln, und fast wären wir zu faul gewesen und zu einem von denen gegangen, aber dann sind wir los zur bahn um 16:30 uhr und im hauptbahnhof haben wir ein babywasser im rossmann gekauft, weil wir nichts zu trinken dabei hatten und dann sind wir in den RE gestiegen und es war sofort so ein ausflugs feeling und esther hat 1 minute gestrickt und ich 1 minute in meinem buch gelesen und dann sind wir umgestiegen in die u-bahn und es war nur eine station, aber ich wollte unbedingt mit der düsseldorfer u-bahn fahren, weil hier die verheissungen von westdeutschland noch richtig spürbar sind. also nicht in diesen uralt-bahnen, nur in der station unterm hauptbahnhof.

der günstige sushiladen hatte zu und in den ganz teuren mit dem besonders SCHLICHT aussehenden sushi wollten wir nicht und der solalalige grosse mit fliessband war offen, aber wir sind zu dem gegangen, den ich bei google maps rausgesucht hatte, weil der als einer der wenigen sicher offen haben sollte: („FEIERTAGS ÖFFNUNGSZEITEN") zero banchi. bei einem normalen tag wäre ich da jetzt nicht für sushi hingegangen, es ist ein ableger von kushi tei of tokyo und hat sich der hokkaido küche verschrieben. also kein reines sushi restaurant, aber für unsere wünsche von dem 1.1. war es perfekt. wir haben drei sachen bestellt und dazu bier getrunken, das weiss ich nicht ob das legal ist, aber es hat perfekt gepasst. die sachen kamen in einer reihenfolge, die die für uns ausgesucht haben und die letzte sache haben sie vergessen, also weiss ich nicht, ob es absicht war mit dieser reihenfolge, aber die war genau richtig: zuerst das sashimi, als unsere palates noch frisch und munter waren und wir die unterschiedlichen fischgeschmäcker und texturen und mit oder ohne soja sauce klecks noch so richtig frohen mutes aufnehmen konnten. daneben bisschen alge, vll war es auch die deko, aber mir hat sie geschmeckt. dann nach einer kl pause gurke maki und avocado maki, inside out, so betont rustikal mit ein paar eingelegten gurke stücken auf dem gurke maki und avocado stücken auf dem avocado maki, als sättigungs gang sozusagen, und dann wie gesagt nachdem sie gefragt haben ob wir schon alles bekommen haben und wir gesagt haben nein, die nigiris, die direkt nach dem sashimi langweilig gewesen wären, aber jetzt hatten wir wieder neu bock auf fisch, auch wenn die nicht mehr an den anfang ran gereicht haben. die anderen maki, mit so saucen drauf, und california roll, die es auch hier hingeschafft haben, haben wir nicht probiert.

es war so eine bisschen trubelige feiertagsstimmung, mit düsseldorfern aus aller welt mit steppjacken, wir sassen nahe an der toilette weil wir ohne reservierung hin gekommen sind, und es kamen immer männer mit extrem hässlichen weihnachtspullis an mir vorbei, das scheint so ein trend zu sein. den rückweg zum bahnhof die paar schritte gehen wir zu fuss und wir sind so krass glücklich, genau richtig viel gegessen und genau richtig viel bier getrunken kennt ihr das gefühl.

Mi Tienda ★★★☆☆

Lothringer Str. 2A
50677 Köln
Südstadt

es war der 8.1. ich bin zu mi tienda gegangen weil ich brauchte 50ct stücke für die waschmaschine. ich weiss nicht ob es war weil es so schönes wetter war, aber es waren alle sehr nett zueinander und irgendwie mit energie.

der eine stammgast hat gesagt, das schild „bitte nehmen sie ihre bestellung an der theke entgegen" sei kein korrektes deutsch, es müsste heissen, bitte geben sie ihre bestellung an der theke auf, und ana hat gesagt komisch und pepe hat gesagt oke und ana hat gesagt auf spanisch könnte man auch sagen man soll die bestellung nehmen, und ich hab gesagt mit bestellung ist nicht der akt des bestellens gemeint sondern die sache, die man bestellt hatte, deswegen ist es richtig, und pepe hat zu dem stammgast gesagt, dass der satz darunter, „und geben sie ihr benutztes geschirr wieder an der theke ab" diesen sachverhalt deutlich macht, und der stammgast war etwas unglücklich dass er mit seiner besserwisserei falsch lag, aber es war nicht soo schlimm für ihn weil draussen hat die sonne gescheint und ich hab einen kaffee und ein empanada mit tomate und käse bestellt und gesagt ich nehme meine bestellung dann gleich an der theke entgegen und hab mich hingesetzt und meine listen geschrieben. der stammgast ist gegangen und hat mir tschüss gesagt und so zwei frauen haben sich hingesetzt und sich dadrüber unterhalten, dass bei der einen im orchester ein ganz toller pauker beim konzert gepaukt hat. die andere hat gefragt, ist denn der pauker so wichtig und die eine hat gesagt aber ja, das ist wie ein dirigent von innen! der dirigentin sind bei den proben immer die blechbläser am ende davongelaufen und sie (ich glaube sie war oboistin falls es euch interessiert) hat gedacht, ohje die dirigentin wird die blechbläser nicht unter kontrolle kriegen, sie hat irgend so ein pferde wort benutzt, die kriegt sie nicht gezügelt, jedenfalls als der pauker dann dazu kam wusste die oboistin, das wird ein tolles konzert, und es war ein ganz tolles konzert. pepe hat zu ana gesagt sie soll das radio leise machen, aber sie hat es aus gemacht, ich glaube weil er telefonieren wollte, weil pepe hat wie so einen tisch immer reserviert wo der seinen bürokram macht im laden oder die kaffeemaschinen von seinen kaffeemaschinenreparaturkund*innen repariert. die oboistin hat gemerkt dass ich zu ihr rüberschiele, ich glaube ich hab mich mehr für die pauker geschichte interessiert als ihre freundin, aber zum glück in dem moment kamen drei handwerker rein, gleichzeitig, aber glaub zufällig, und es war ein bisschen aufruhr, und die haben sich unterhalten woher sie kommen und dass erdogan ein thug ist und ein bekannter von einem bekannten von dem einen für 6 monate verschwunden war und dann verurteilt wurde, nur weil er kunde war bei einem, der ein gülen unterstützer

war. und darüber, wie oft sie schon in georgien waren und der grieche hat gesagt die griechen können nicht arbeiten und jammern nur, und der andere hat gesagt die deutschen beschweren sich auch nur und der hat gesagt ja die sind noch viel schlimmer, aber er hat wie als erklärung dazu gesagt, aber sie wissen nicht wie gut sie es haben. einer ist gegangen und die anderen beiden haben auf griechisch weitergeredet und eine frau ist reingekommen die war eine freundin von ana und sie haben sich zusammen hingesetzt und die eine mit der ich studiert habe und bei der ich mich schon immer nochmal entschuldigen wollte weil ich im kolloquium 2014 fies zu ihr war aber ich mache es immer doch nie ist reingekommen und hat was auf spanisch gesagt und die anderen beiden haben gelacht und sie ist kurz nach hinten durch in den privat bereich gegangen und dann ist sie zurückgekommen und sie sassen zu dritt und haben lieb zu einander geredet und pepe hat bei der stromfirma angerufen aber er war an der falschen nummer aber die haben ihm die richtige nummer gegeben, er hat sie nochmal wiederholt und dann da angerufen aber es kam kein anschluss unter dieser nummer und er hat sich total aufgeregt und ist fluchend rausgegangen und die frauen haben gelacht. ich bin dann auch los gegangen raus in die kälte und die sonne, aber vorher hab ich noch 10 euro in 50 cent münzen mir gewechselt bei ana und jetzt können wir ganz viel waschen, und die wäsche im hof in der sonne in der kälte trocknen.

NeoBiota

★☆☆☆☆

Ehrenstr. 43 c
50672 Köln
Neumarkt Gegend

ich würde am liebsten diesen artikel auf englisch verfassen, weil ich nicht weiss wie ich *envigoratingly terrible* auf deutsch sagen soll. "erfrischend furchtbar", das klingt einfach nicht gut. es war auf eine art schlimm, die mir gute laune gemacht hat, obwohl ich unfassbar viel geld für so unfassbar schlechtes essen ausgegeben habe. (moritz, als ich ihm die reservierungsbestätigung geschickt habe, hat geschrieben er legt die kreditkarte schon mal in den ofen, zum vorglühen.)

ich glaube, dass jeder aspekt: die konsistenzen, die texturen, die würzung, präsentation, farbigkeit, genau so war wie es gewollt war. handwerklich wirklich extrem präzise und alles war perfekt perfekt umgesetzt. die einzige ausnahme hiervon war vielleicht die wärme, die manchen gerichten ein bisschen gefehlt hat, es war ein kühler tag und essen wird schnell kalt und die microgreens sollen ja nicht welken unter der wärmelampe.

was im grunde auch fast alle der 8 (waren es 8? ich hab nicht den blassesten schimmer) gänge gemeinsam hatten, war, dass sie entweder extrem sauer oder extrem salzig oder beides waren, mit einzelnen komponenten die zusätzlich auch noch extrem kalt waren, eis konfekt oder sowas, am anfang und am ende. alles war abgeschmeckt von jemandem, der scheinbar den ganzen tag sachen abschmeckt, die zunge ist schon total verätzt, spürt gar nichts mehr, das verhältnis zu essen und trinken hat sich in den langen stunden in der küche komplett aufgelöst und jeden tag muss es deshalb noch einen winzigen ticken saurer oder salziger gemacht werden als am vortag, um überhaupt noch irgendwas zu fühlen, und das über jahre. die gerichte waren aus einer feder, nur diese feder war depressiv und geschmacksverirrt.

es kippte ziemlich schnell und fing an, sich wie eine challenge anzufühlen, aufzuessen. die hatten auch schwierigkeiten, eine abwechslung drin zu behalten, es gab null spannung, es draggte einfach on and on and on, und immer hat es eig nach sehr sauren und sehr salzigen sauren gurken geschmeckt, alle anderen aromen sind mehr oder weniger davon weggebrannt worden. der gipfel war dann der nachtisch, ein saurer karottensalat mit kuchenkrümeln, der in verbindung mit einem anderen menü vll nicht so toll gewesen wäre, nach 10 gängen saurem salat war es einfach nur so schlimm, es hat sich wie zur strafe aus der spüle essen angefühlt. nur dass es halt alles perfekt zubereitet und angerichtet war.

wie wir draussen stehen habe ich so eine laune wie, "HAHAHAHA! that was TERRIBLE!", ich bin gut drauf und weiss nicht warum, vielleicht wegen, sauer macht lustig. beim nach hause fahren auf dem fahrrad frag ich mich aber schon, warum die einen stern immernoch haben. meine erklärung ist, die gastokritikers sind halt ständig essen und es schmeckt alles gleich und sie sind depressiv davon und ich stelle mir die von michelin auch sehr alt vor, die schmecken nicht mehr viel, da muss es wummsen damit noch was durchdringt. und es sind halt nicht die average people die mal ihre partner*innen ausführen zum jahrestag. von der einrichtung und dem ganzen style bis zu dem acht gänge saure pommes essen machen die die sachen hier anders, sehr anders, die machen ihr eigenes ding, aber aus meiner sicht halt so horrible wie es geht.

Kaffee Krema

★☆☆☆☆

Aachener Str. 10
50674 Köln
Belgisches Viertel

manchmal im frühen frühjahr oder im winter riecht es so wie damals als ich in athen war, oder das licht ist so, und dann will ich freddo cappuccino trinken und gehe zu kaffee krema. wenn ich dort bin ist der wunsch immer schon verflogen und es ist eigentlich immer nicht gut dort, aber ich vergesse das dann jedes mal sehr schnell wieder.

es zieht, ich kriege kalte füsse, es ist rumpelig und die hälfte-grüne-hälfte-rote deckenstrahler lassen alles fürchterlich aussehen, inklusive mir, dabei wollte ich svea ein selfie schicken von meiner neuen frisur. der mokka ist lauwarm und der keks süss und zimtig aber irgendwie auch langweilig. ich wollte was salziges, so einen käse blätterteig, aber ist heute aus. ich trinke das wasser das dabei ist mit einer ibu und schaue ins handy. joram kommt und zum glück hat er auch hunger, dann können wir woanders hin. ich hätte das nicht vorschlagen sollen. wie wir zahlen kommt von draussen so eine lustige aufweckende melodie wie von einer sehr lauten trompete und ich frag joram: karneval? und er sagt, nee bauern! und beim rausgehen sehen wir noch den rest von der bauerndemo, paar traktoren und lastwagen und ein bisschen polizei.

Krua Thai

★★☆☆☆

Brüsseler Str. 40-42
50674 Köln
Belgisches Viertel

kurz vor weihnachten, an einem montag abend, wollten esther und ich was draussen abendessen, wir waren in der u-bahn unterwegs und haben rumüberlegt und dachten ja cool, wir gehen zu 1980. und falls das wie immer voll ist zu chum chay oder sonst im notfall zu thai food 1. es waren aber alle drei voll, ausserdem war bai lu natürlich voll, warung baju war natürlich voll, tibet momo hatte zu, fisch hof hatte zu, mandalay war voll.

dann waren wir als 9. wahl bei krua thai, ich hatte das in keiner so guten erinnerung. ganz früher mochte ich das mal, es gibt das schon richtig lange glaub ich und in den 00er jahren war es bestimmt mal super hip. wir beugen uns über die extrem verwirrende karte und da ist noch ein anderes paar die machen das gleiche und dann ist es einfach esthers alte freundin und sie haben ein neues baby was 2 wochen alt ist und die hatten zuletzt vor einem jahr telefoniert und peng! naja jedenfalls sind sie bei ihren eltern zu besuch für weihnachten, sie bestellen zu zweit drei vorspeisen und eine hauptspeise: eine suppe, frittierten tofu, papaya salat und thaibrokkoli mit pilzen und tofu (scharf) und wir bestellen dann einfach genau das gleiche und es ist so mega gut ich kann es garnicht glauben. wir sitzen zusammen an einem tisch und die erzählen uns von ihrem kleinstadt life als architekt*innen.

jetzt mit joram wie wir da hinkommen nach dem café krema bestellen wir so normale sachen von der normalen karte und meins ist super langweilig und joram sagt er bestellt immer hühnchen bei thai-imbissen und ist dann jedes mal wieder enttäuscht dass es gekochtes chlorhühnchen ist.

14

Caffè MA

★★☆☆☆

Severinstr. 149
50678 Köln
Severinsviertel
Dauerhaft geschlossen

die geschichte fing so an, dass ich bei google maps caffe mit zwei „f" eingegeben habe um zu gucken ob irgendwo in der nähe, vielleicht in zollstock, ein neues italienisches café aufgemacht hat, und dann kam ein ergebnis auf der severinstrasse in der sparkasse? also bin ich hingefahren, aber da war nichts, und ich dachte, bestimmt hat da jemand eine kaffee importfirma von zuhause aus angemeldet, in einer wohnung über der sparkasse.

paar monate, bestimmt 3 monate später fahr ich da vorbei und da ist plötzlich caffe ma.

das ist so eine mini kleine espressobar, aufwändig neu und wie junge italiener*innen es geil finden hergerichtet, es gibt belegte focaccia mit ganz vielen sachen drauf und gefüllte cornetti, die auf einer schiefernplatte ganz peinlich angerichtet sind mit allerhandlei verzierungen und dadurch sehr viel kosten. der espresso ist sehr lecker, der kaffee, schwarzer kaffee kostet 1 euro mehr als überall sonst. es gibt ein schild draussen, da steht „regeln von mamma" und dann so sachen wie, bitte und danke sagen und auf das thunfisch focaccia gibts keinen parmesan. ich gehe 5 mal hin, ich probiere es irgendwie so hinzubiegen, bestelle nur ein focaccia ohne belag und einen espresso, zum versuchen, den laden als ein normales cafe wo man halt oft hingeht zu benutzen, mit normalen snacks und nicht so teuer, aber das klappt nicht richtig und dann gehe ich nicht mehr hin. paar monate später einmal ist ein aushilfe typ da, der gibt mir so einen amerikanischen cappuccino mit milchschaum muster und viel zu viel milch, alles ist noch scheisse teurer geworden, focaccia ohne alles gibt es nicht mehr, ich nehme eins mit thunfisch und er macht parmesan drauf. erst bin ich so sauer, aber dann wird mir klar der wahre feind ist der raffgierige vermieter. der dreht däumchen und die ersten 5000 euro oder so die das cafe gewinn macht gehen an den, und die müssen alles so teuer machen und sich irgendwelche beknackten gastro tricks ausdenken mit verzierung und zu vielen zutaten. jetzt hat es jedenfalls schon lange wieder zugemacht und der laden steht leer.

Lim Falafel

★★★☆☆

Severinstr. 28
50678 Köln
Severinsviertel

es regnet es ist kalt es war seit tagen nicht mehr hell. der einzige lichtblick ist, dass ein neuer falafelladen aufgemacht hat auf der severinstr. wenn ihr fans seid von hayati, dem falafelladen einen block weiter, denkt ihr vielleicht jetzt, puh noch mehr konkurrenz. ihr seid treue seelen. ich nicht! bzw halte ich die treue immer nur zu dem was leckerer ist.

bei neu eröffneten gastronomien in köln gilt die faustregel, sehr schnell hinzugehen, solange sie noch gut sind, bevor die merken, mit was für frass sich die kölner*innen abspeisen lassen. und in der regel merken sie es schnell. ich war deswegen gleich am ersten abend da, aber mir war die schlange zu lang, es gab falafel für 1 euro. am zweiten abend war die schlange nicht mehr da.

das falafel sandwich ist sehr lecker mit den rosa eingelegten rüben, sesamsauce (granatapfelsauce bestelle ich immer ab weil mir die zu süss ist), hummus und viel frischer petersilie. schade, dass bald nur noch eisbergsalat drin ist.

ich esse es im gehen im nieselregen in den dunkleren seitenstrassen, weil ich so schlecht gelaunt und so depri bin, dass es mir so lieber ist als mich dort reinzusetzen. ich frag mich ob es jemals wieder hell wird. zuhaus setze ich mich in strassenschuhen an den laptop und schaue am schreibtisch irgendeine hirnsterilisierende serie von einem beliebigen megafranchise. ich hab sesamsauce auf meine jacke und meine hose gekleckert, aber nicht wahnsinnig viel! es ist nicht zu sossig.

Shanghai Küche

★☆☆☆☆

Limburger Str. 13
50672 Köln
Belgisches Viertel

eine riesige karte, ich glaube das ist für zurückgekommene urlauber*innen damit sie auch alles dann nachbestellen können nach ihrem besuch in shanghai.

die suppe war würzig aber ab dem zweiten löffel hat sich der geschmack nur noch wiederholt. ich war enttäuscht, weil die nudeln auf dem bild lecker aussahen wie so eier spaghetti aber es waren dann reisbandnudeln. die frau war extrem unfreundlich, so sie hat nicht ja ok gesagt wenn ich was bestellt habe sondern ist einfach weggegangen. ich glaube aber es war nicht unfreundlich gemeint. die anderen gäste waren sehr komisch halt so typisch für kölner läden, so ausschliesslich versicherungskaufleute und spiessige couples die über den fc köln reden als seien die da funktionäre. ganz leise klimper musik und rumpelig (but not in a good way) wirkende stühle und buntes licht.

man könnte da mal mit 10 leuten die alle fleisch essen hingehen und so eine tafel bestellen aber man könnte es auch einfach lassen. also ich. ich werde es lassen. es ist gar nicht so weit weg von mandalay, vom vibe her, aber mandalay ist bisschen unperfekter und trauriger und gleichzeitig heller und grosselternmässiger und deshalb komplett geil.

wie ich schon fertig bin mit essen, setzen sich zwei an den nebentisch und die frau fragt die kellnerin, erinnerst du dich nicht an mich, ich hab nebenan gearbeitet und die kellnerin erinnert sich offensichtlich kein bisschen und sagt aber, ah jetzt, du, schön, und geht weg, und die frau vom nebentisch siezt mich und fragt was ich denn gegessen habe, was haben Sie denn gegessen, manchmal denk ich echt es gibt mehrere kölns warum siezt mich diese 44 jahre alte frau mit rot gefärbten haaren und nasenring in welchem köln lebt die

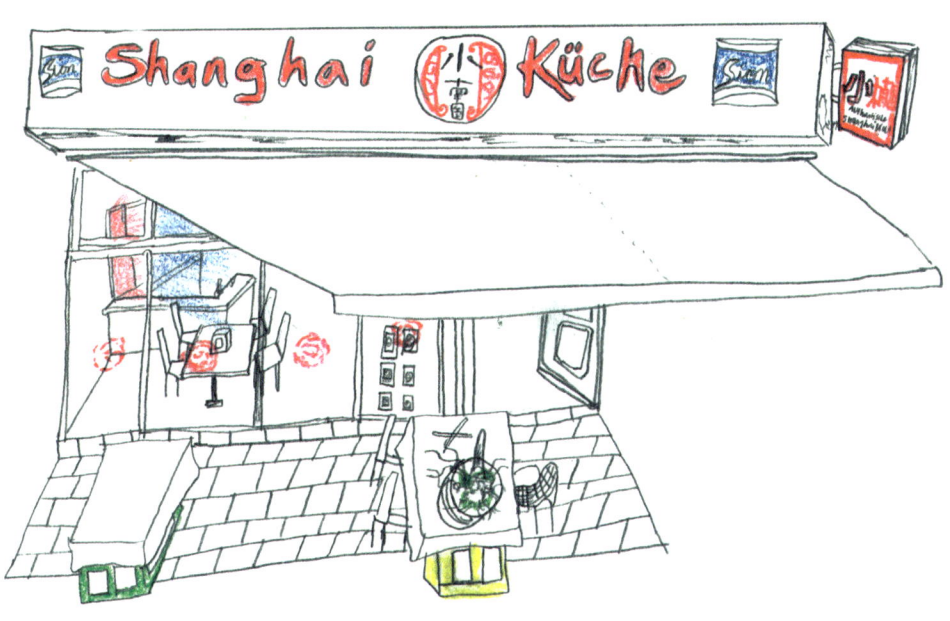

Dialog

Alteburger Str. 26
50678 Köln
Südstadt

★★★★☆

es hat lange gedauert aber inzwischen denk ich jedesmal wenn ich da hin komme, warum ich nicht öfters hier bin und dass es mein lieblingsladen in köln ist. es ist einfach gutes, ehrliches essen. die makrele mit zwiebeln und tomaten, die dorade vom grill, die gemüsebeilage die immer anders ist, das gegrillte gemüse mit feta, der gemischte salat, der "variable vorspeisenteller" mit dieser fisch creme, mit rote beete salat mit viel zu viel knoblauch und tausend anderen sachen, die pommes mmmh, aber am ende ist es so gut einfach wegen dem ambiente.

wir haben was zu feiern und wollen uns im storch treffen weil da gibts geeiste bierkrüge aber ich bin zu faul so weit mich zu bewegen weil ich war schon am hansaring zu fuss was abholen und wieder zurück, weil ich gelesen habe man soll mehr laufen, also gehen. es ist auch eigentlich zu kalt für geeiste bierkrüge. dann wollen wir uns beim backes treffen aber esther schreibt mir da ist es sehr voll und ob wir zu dialog gehen sollen. ich denk erst, naja zum was trinken? aber ich sag ja und wir gehen hin und es ist so geil, ich kriege noch ein paar snacks zum bier und wir trinken fleissig und es ist eine gute stimmung mit griechen von der möbelmesse und es ist auch ziemlich voll aber entspannt und es gibt solche läden kaum mehr, mit einem gemütlichen interiör was nicht aussieht wie aus einer US serie und von einem investor bezahlt und so. das trinken macht wie immer nicht so richtig spass und ich denke wie immer ich muss es einfach lassen, ich hab mein kontingent an trinken aufgebraucht. wir rauchen zuhause am fenster und am nächsten morgen haben wir verschlafen, es ist zum ersten mal seit tagen wieder grau draussen und wir haben eine knoblauchfahne von den oliven also eigentlich zwei, esther eine und ich eine.

Anju
Subbelrather Str. 269
50825 Köln
Neuehrenfeld

★★☆☆☆

es ist sonntag abend und wir fahren nach ehrenfeld, um zu anju essen zu gehen. die erste bahn die kommt ist die 16, also nehmen wir die. in der bahn ist ein grosser mann mit einer zahnlücke und einer ganz blauen hand der geht rum und fragt nach geld und ich gebe dem 1,50 und 3 andere geben ihm auch was. wir wollen am appellhofplatz in die 5 umsteigen. an der haltestelle ist ein mann mit einem vollbart der sitzt auf der bank und hat sich die schuhe ausgezogen und macht irgendwas mit seinen füssen, die in ganz neuen rot weiss gestreiften socken sind.

wir gehen den gang zur linie 5 und vor uns gehen 3 männer die stinken, mit taschen, sie gehen an drei anderen männern vorbei die auf dem boden sitzen und essen und der eine von den vorbei geh männern fragt nach essen, aber sie geben ihm nichts. wir kommen dann in einen bereich wo die verschalung und fliesen und alles abgeplatzt ist und abgemacht und es hängen kabel runter und es liegen taschentücher und gummihandschuhe auf dem boden. an der haltestelle von der 5 gehen die männer ganz hinten in die sackgasse vom bahnsteig und setzen sich da zusammen auf den boden. auf den bänken weiter vorne sitzen welche und warten auf die bahn. die anzeige sagt 21 minuten. wir gehen wieder zurück an den männern im tunnel vorbei, der eine raucht jetzt eine folie. der mann mit dem bart und den gestreiften socken schneidet sich mit einer glasscherbe in die hand. ein anderer mann wirft eine hand voll originalverpackte einwegspritzen in den mülleimer und nimmt dafür eine kaputte glasflasche aus dem müll und geht zum anderen mülleimer, er singt leise auf arabisch, eine traurige melodie, und wirft sie da rein. dann kommt die 4. in der 4 ist auch wieder ein mann der höflich nach geld fragt, ich gebe ihm nichts und auch sonst niemand.

die alten bahnen und bahnstationen erinnern mich an brüssel oder krakau. wie wir aussteigen riecht es nach kebapland, schon unten in der haltestelle. wir gehen durch ein paar ruhige seitenstrassen und reden über ob wir mehr "aktivismus" machen sollen und wie oder alles ausblenden und kunst machen oder bürgi leben leben, dann sind wir bei anju. es sitzen so ruhige leute an den brauhaustischen, ein paar sachen die gut klingen sind schon aus, was ein gutes zeichen ist, der service ist stets bemüht. wir essen 6-8 korean tapas; gemüsepfannkuchen, kimchi, gemüse, bulgogi. es schmeckt gut, wir trinken bier aus sehr schönen gläsern und dann fahren wir wieder nach hause.

DOWN TO EARTH NOODLES

★★★☆☆

Berrenrather Str. 175
50937 Köln
Sülz

wie wir weggehen von da und die strasse im dunkeln entlang, richtung katholische hochschule brutalismus kapelle und unicenter, frag ich esther wie sie es fande und sie zögert bisschen und ich spitze die ohren. naja, sagt die, es ist schon viel besser als das allermeiste was man in köln essen gehen kann, *aber*. ich sag, ahja cool, dann sind wir einer meinung, aber davon abgesehen gibts eigentlich nur sachen zu meckern? ja genau, sagt esther.

das war ein dienstag im märz oder so, als wir angekommen sind war die strasse nass und dunkel und menschenleer, wir dachten zuerst es ist das rumpelige leere daneben, aber es ist das hier, und es sitzt komplett voll mit leuten. die wände sind dunkel gestrichen, die möbel aus holz, es gibt zimmerpflanzen, auf dem tisch den sie uns nach einer weile geben steht ein monstera ableger in einer glasvase mit grünem algenwasser und kalkrändern. es ist für kölner verhältnisse ein sehr hipper laden, bisschen wie ein 08/15 laden in kreuzkölln, rumpelig und dunkel und aber auch hip. mir fällt mal wieder auf wie überaltert die kölner gastrowelt ist, die jungen leute kommen an keine läden ran oder machen läden für alte leute auf. eine katze kommt rein und geht in den hinteren raum, und ich finde es erstaunlich ok, das hier ne katze in nem resto wohnt.
esther zerbricht sich danach zwei wochen lang den kopf, wie diese bisschen hängengebliebene hippie techno musik heisst die dort lief, und plötzlich kommt die ins zimmer geplatzt, ich erschrecke übelst und kippe ein glas hanf-yuzu-kombucha über meine laptoptastatur und sie ruft <<DOWNTEMPO>>, die musik heisst downtempo. der laptop ist nicht kaputt gegangen aber er riecht jetzt wie der durchgeschwitze beifahrersitz von einem kifferauto.

die vegane suppe ist sehr leckere, ich finde die nudel konsistenz gut, die brühe toll, erst dachte ich nicht salzig genug, aber es ist so die salzigkeit auf den ganzen teller ausgelegt.
die pilze sind teilweise etwas holzig oder trocken im stiel und die pak choi blätter sind nicht quer sondern längs geschnitten, weil das hübscher aussieht, aber zu fasrig um sie mit den zähnen kleinkauen zu können, deswegen muss man sie entweder wieder ausspucken oder im ganzen schlucken und riskieren an denen zu ersticken. der wasabi-kartoffelsalat ist irgendwie asian fusion mässig, damit kann ich nichts anfangen, spicy gurkensalat hab ich schon oft gegessen in solchen läden in berlin, aber hier ist er besonders besonders lecker. es ist alles nicht auf anschlag gesalzen

und nicht so viel öl reingekippt wie irgendwie geht, und dadurch entsteht bei mir so ein eindruck von echt gekochtem, echtem essen, dabei hat das ja nichts damit zu tun, wie salzig und fettig es ist, es kochen leute halt zuhause in der regel unsalziger und unfettiger, und dadurch wirkt es wie homemade. naja. es schmeckt auf jeden fall so, als würden sie alles selbst machen aus normalen zutaten.

die momos mit szechuanpfeffer haben leider so wenig szechuan, dass man den kaum rausschmeckt. sofia, die ist köchin, hat mir erzählt dass die in dem laden wo sie arbeitet mal ein gericht mit szechuanpfeffer auf der karte hatten, und es alle immer zurückgehen liessen weil es "nach seife" schmecken würde. peinlich. sie haben dann den szechuan anteil immer weiter reduziert und es am ende ganz von der karte genommen. ich hab mir den mund verbrannt an der heissen fleischbrühe die aus den momos rauslief, aber selber schuld wenn ich fleisch esse ich bin doch vegetarier. zu "down to earth noodles" gehen wir noch paar mal, auch wenn es mir wegen dem peinlichen namen schwerfällt, das jemand vorzuschlagen. ich finde es besser als esther und muss sie bisschen überreden, und beim dritten mal dort ist alles extrem salzig. vielleicht ist die köchin verliebt oder es ist eigentlich so salzig gemeint gewesen. das passiert mir öfter, dass ich was gut fand an einem laden aber dann wars zufall.

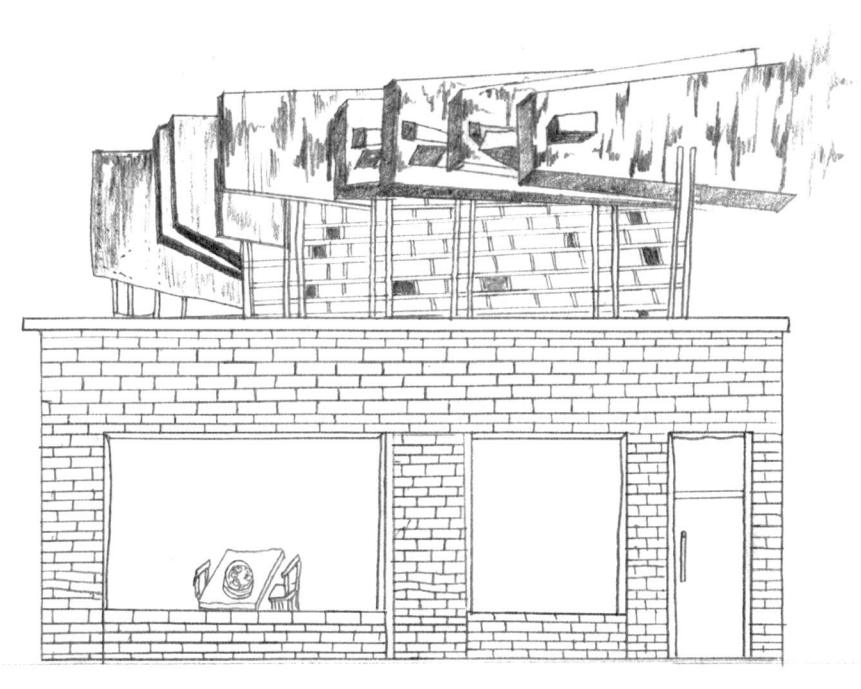

ERNST Kaffeeröster ★★☆☆☆

Weyertal 32
50937 Köln
Sülz

paula und ich irren aus irgend einem grund da in der sülz gegend umher, es ist früher frühling und sonnig, wir sind spazieren und jetzt suchen wir ein café, ich will was essen und paula einen kaffee. bei ernst drinnen sieht es so schlimm aus, wie so ein café in einer design zeitschrift, und auf den kleinen, sehr eckigen, monochrom lackierten tischen mit den sehr dünnen beinen liegen auch die design zeitschriften. bestimmt haben die den ganzen schrott billiger gekriegt und dafür liegen diese als magazine getarnten werbeprospekte aus. ein kleiner mann mit einem schnauzbart und einer segelhose und eine frau mit einem gedeckt-blau gedeckt-weiss gestreiften oberteil und einem stirnband mit einem knoten vorne drin geben sich gastrotipps während die auf den kaffee warten. italienische tapas, also wie tapas nur italienisch? anscheinend gibt es einen neuen trend, dass man eher kleine teller nimmt und mehrere sachen teilt. als nächstes geht es um den aperol spritz laden in zollstock, der ganz toll sein soll, und auch dass die caruso pastabar bald eine focacciabar in sülz aufmacht, wird nicht unerwähnt gelassen. ich höre denen so entspannt überheblich zu und dann plötzlich erwähnt die frau chennai chef und sagt das ist sehr gut, da muss er mal hin und ich denke so woher kennst DU denn jetzt bitte chennai chef. woher kannten bitte alle diesen laden vor mir. die kriegen ihren kaffee und gehen raus in die sonne. ich google chennai chef und das erste ergebnis ist "mit vergnügen köln" punkt d e und ich sage laut zu paula, die den kuchen anschaut, achhhh DESWEGEN, und mein weltbild ist wieder in ordnung.

ich bestelle einen minz tee und ein grilled cheese sandwich, und stelle mir so ein fettes kastenmaisbrot vor mit einer dicken schicht buttrigem erlesenem alpenmilchkäsegemisch dazwischen, einem leichten holzkohle aroma, einem perfekten grillstreifenmuster und einer hausgemachten, lakto-fermentierten gurke daneben. wir haben keinen platz mehr, deswegen müssen wir direkt an der theke sitzen auf diesen menschenverachtend unbequemen hockern, mit den knien gegen die marmorplatte ohne vorsprung gepresst, und uns die ganzen kaffeezubereitungsmethoden aus nächster nähe anschauen. jetzt macht sie aber den minztee, die getrocknete minze wird mit der feinwaage ausgewogen, das wasser auf irgend eine bestimmte grad celsius zahl erhitzt, ein wecker gestellt zum ziehen lassen. der wecker klingelt und sie nimmt die minze aus dem wasser, schenkt einen teil tee aus der kanne in eine tasse und gibt mir dann tasse und kanne zusammen auf einem sehr eckigen tablett. es ist der cleanste, smoothste, leckerste minztee den ich jemals getrunken habe. ich denke mir leck mich was ist denn hier los, ich dachte immer ernst ist nicht nur scheisse eingerichtet sondern auch schlecht? grilled cheese sandwich, dieser tee, gibts jetzt plötzlich so läden wie in berlin die sein sollen wie in new york auch hier bei uns im gemütlichen köllen? was ist ge sche hen?

dann kommt das grilled cheese sandwich, und es sind zwei dünne, schräg abgeschnittene scheiben von diesem bauernbrot vom merzenich mit bissi käse dazwischen im kontaktgrill sehr platt gequetscht und ein löffel löwensenf daneben und eine klein geschnittene essiggurke, und meine welt ist wieder in ordnung.

MakiMaki Sushi Green

★☆☆☆☆

Mauritiussteinweg 2
50676 Köln
Griechenmarkt Gegend

zuerst überraschend lecker dann diesen rapsöl tranigen geschmack von der veganen majo rausgeschmeckt.

Mahal

★★☆☆☆

Eburonenstr. 1
50678 Köln
Südstadt

erster besuch es ist schon halb 10 der laden brummt unten ist eine feier oder sowas mit geiler musik und stimmung und oben wir kriegen nur noch den tisch an der treppe, sie sind sehr nett zu uns, wir nehmen nur paar von den cremes, aber einzeln und nicht als set: einmal aubergine mit butter und joghurt, einmal tahin mit petersilie und noch zwei. die sind v i el leckerer als gedacht.

zweiter besuch, diesmal mit moritz, der wein ist immernoch gut die preise immernoch fantasie, wir kriegen das set aus 4 kleinen tellern mit cremes, dann einen brotkorb, flache pommes, kleine nicht tolle falafel, wildkräutersalat den standard von der metro und mit weizengraupen. die frau kommt drei bis fünf mal zu uns, um von irgendeiner südstadt schnitzeljagd und flamencoabenden zu erzählen.

wir rätseln ob es sinn machen würde, wenn man dann so lammrücken nach den cremes nimmt und dann kostet es weniger, aber pommes für 12€ digger und das brot ist genau wie das ganz schlechte langweilige braune weiche vom penny. ich glaub wenn einfach dieses geile dünne fladenbrot der brotkorb wäre oder irgend ein gutes brot, dann fände ich den laden geil. und man kriegt ne neue tüte wenn die erste leer ist. (naja dann würden die vermutlich pleite gehen.) es ist nur gut weil das meiste in köln noch viel schlechter, noch viel geschmackloser, noch viel dilettantischer ist. vielleicht draussen sitzen und 20 grad wärmer hätte den unterschied gemacht aber nein glaub auch nicht. dialog ist einfach zu geil und zu nah dran.

Pizza Pazza

Weyertal 34
50937 Köln
Sülz

★★★☆☆

wie ich das hier schreibe denke ich, ich will unbedingt noch zu den pizza pazzas bei denen ich noch nicht war. bei google maps zähle ich vier an die ich mich zumindest nicht erinnern kann. es ist wie eine wunder tüte zu einer neuen pizza pazza zu kommen und nicht zu wissen was drin ist. eine erwartungshaltung habe ich natürlich nur wegen den zwei sehr ähnlichen pizza pazzas am zülpicher platz und in der händelstr, bei denen ich ne zeit lang oft war. am zülpicher platz waren sie noch einmalig netter und die pizza mozzarella war mit noch mehr basilikumblättern drauf und noch leckerer. dann einmal war ich bei einer pizza pazza die einfach gar nichts oder gar nichts mehr mit pizza pazza, den anderen, zu tun hatte und gar nicht gut war. und zum die verwirrung komplett machen gibts dann noch die pizza pazza mässige pizza pazza die nicht pizza pazza heisst, auf der severinstr, und ich meine mich zu erinnern dass der chef verwandt ist mit dem pizza pazza zülpicher platz chef, er hat da auch manchmal ausgeholfen, aber die heisst pizza *pasta* (traditionale). ausserdem will ich noch zu der pizza pazzia (ja nicht piazza sondern pazzia) die auch noch in google maps angezeigt wird. in piazza und la piazza gibts auch, aber die würde ich jetzt beide nicht als *pizza* piazza bezeichnen. die pizza pazza in sylt, äh, sülz hab ich noch nicht rausgefunden ob sie zu den anderen gehört, sie haben ein ähnliches logo aber einen komplett anderen boden. ich bin nur auf die gestossen, weil pizza pasta mal zu hatte und ich eine bestellen wollte im lockdown, und gemerkt hab, dass die eigentlich sehr nah ist an der südstadt und schnell liefert und sie sind auch günstig, weil sie nicht in so einer haupt einkaufsstrasse liegen. es ist ein leckerer und sättigender boden ich finde das ist eine sehr gute imbiss pizzeria vielleicht sogar die beste wer weiss, aber sehr gut

Punto Pasta

★★☆☆☆

Andreaskloster 14
50667 Köln
Hauptbahnhof Gegend

wenn mein arschloch blutet denke ich immer an die folge von curb your enthusiasm wo das arschloch von larry david blutet und jemand gibt ihm deshalb einen alten sessel bei einer dinner party und er besteht aber auf den weissen stoffstuhl und jemand anderes dreht den dreh-servier-teller mit dem essen drauf zu schnell und der ketchup fliegt auf den weissen stuhl und alle geben larry david die schuld.

ich gehe also zum proktologen in der innenstadt, beim dom, und der sagt, es ist veranlagung, dass das poloch leicht einreisst bei zu hartem stuhl, die eltern haben das oft auch. ich hab gesagt ich frag sie mal. es sei jedenfalls nichts schlimmes, und die hämorrhoiden auch nur ganz bisschen vergrössert.

in letzter zeit rufen meine eltern mich eigentlich nie an, und ich sie auch immer weniger, und wenn wir doch telefonieren rede ich mit meiner mutter darüber dass es ihr schlecht geht oder dass ich erkältet bin und mit meinem vater übers wetter, und nie über esther und mich oder was uns gerade so die stecker zieht oder über eingerissene polöcher. gleichzeitig mache ich mir ständig übertriebene sorgen um die, und nachdem wir aufgelegt haben probiere ich manchmal paar tränen rauszupressen. ich hab das gefühl, das war mal anders aber bin ich mir nicht sicher.

nach dem arztbesuch war ich extrem gut drauf und dachte, jetzt erstmal ne mahlzeit die hauptsächlich aus weissem mehl besteht, und ich war pasta essen bei dem kleinen pasta laden da auf dem kleinen platz mit den bubble tea läden, es war ziemlich lecker. danach bin ich noch zu cafe tuga gegangen zum espresso trinken.

meine eltern hatten auch so ein dreh-servierteller-ding, aus holz, und circa einmal im jahr haben die das rausgeholt, wenn die zusammen ihre geburtstage gefeiert haben. mein vater hat den geilsten italienischen käse auf dem wochenmarkt gekauft und oliven und salami, und meine mutter hat fladenbrot gebacken mit rosmarin und im garten tomaten geerntet. meine schwester hat mir erzählt sie und mein bruder haben bei den geburtstagen immer versucht, die platte so sehr zu beschleunigen dass der käse runterfliegt und dann ist mein vater ausgeflippt und hat gefragt wer ihnen die platte eigentlich geschenkt hat.

jetzt feiern meine eltern glaub ich nicht mehr geburtstag.

mein vater war mit 20 in italien mit seinem gastarbeiter kumpel und deswegen ist jetzt mein lieblingsessen pasta mit muscheln und ich trinke jeden morgen einen espresso und eine flasche olivenöl.

Segafredo
Köln Hauptbahnhof

★★☆☆☆

früher war ich viel öfters beim hauptbahnhof als heute, und wenn ich zeit hatte hab ich da noch einen espresso getrunken oder manchmal morgens ein cornetto gegessen. es war ein ziemlicher schock wie ich eines tages rausgefunden habe, dass die cornettos vom kamps sind. ich fand die nie gut, (auch den kaffee nicht sonderlich,) aber vom kamps, das hätte ich nicht gedacht. aber da war die frau im kamps poloshirt und brachte sie vorbei und hat noch ein schwätzchen gehalten mit denen.

ein grösserer schock war als die segafredo, nachdem sie ewig zu hatte wegen renovierung, plötzlich aussah wie ein café im dm oder so, und dieser ganze rote lack weg war, da hab ich lange gebraucht das zu verkraften. ich bin trotzdem hingegangen, weil die eine frau wieder hinter der theke stand und ich mich gefreut habe, die zu sehen. ich frag sie wie sie es findet und denke sie sagt bestimmt toll, aber sie sagt, ne ist nicht das gleiche, jetzt sieht es aus wie jedes andere cafe im hauptbahnhof, und vorher war es war besonderes, und ich sag ja.

jetzt gibts das neue café auch schon wieder zwei jahre(?) und ich bin nicht mehr so oft im hauptbahnhof, aber heute geh ich hin. die beiden die am meisten hier arbeiten sind beide da. die sind die guten seelen vom hauptbahnhof die zwei, und fast immer ist grade jemand anderes bei denen zu besuch, wo auch im hauptbahnhof arbeitet, und sie informieren sich über neue jobs und erzählen über irgend welche kleinen dramen. und die italiener*innen sind hier halt, weil sie können auf italienisch mit dem einen zumindest übers wetter kurz reden und verschnaufen vom hauptbahnhof. ich fühle mich hier immer sehr geehrt, wenn sie mich als einen regular erkennen, wegen der masse an leuten die die jeden tag im hauptbahnhof bedienen. heute sind sie so krank nett zu mir, sie beraten mich was ich essen soll und fragen, willst du noch wasser willst du noch schoko täfelchen. sie fragen ob ich keine stempelkarte will, die für die stammkunden, ich sag, ach ne, dann hab ich da wieder 8 von 10 stempeln drauf und hab die dann jahrelang im geldbeutel und denke aber nie dran die abzustempeln. ich komm auch so gleich oft!

Cafe Tuga

★★★☆☆

Ursulaplatz 4
50668 Köln
Hauptbahnhof Gegend

hanna hat mir vor JAHREN
nach dem ersten gastro guide gesagt, ich soll da mal vorbeigehen und ich
wollte es immer aber hab es nie gemacht. ich glaube ich dachte insgeheim
der kaffee ist dann so wie in den billigen cafés in lissabon, also kann nicht
mithalten mit dem italienischen und deshalb bin ich nie hingegangen.

nach der pasta bei dem kleinen platz dachte ich, ich geh jetzt da noch einen
espresso trinken, das ist die gelegenheit, und die beiden schauen mich
misstrauisch an und die bedienung / chefin spielt am spielautomaten und ich
bestelle einen kleinen kaffee und zeige mit dem finger, wie gross (so gross
wie eine espresso tasse) und sie sagt eschpresso? und ich sage ja genau und
sie macht ihn mir und er ist unfassbar gut. besser wie in den italienischen
cafes in der südstadt.

an der wand hängt ein express FC wandkalender mit dem april bild mit dem
ex trainer jupp baumgartner oder wie der hiess, sowas bescheuertes fällt auch
nur dem express ein, so einzelne leute die safe schon ge-axed sind bis zu dem
monat in einen kalender zu machen. über dem gesicht von dem baumgarten
ist ein kleines emblem von einer madonna, also nicht absicht sondern halt am
gleichen nagel wie der kalender gehängt. wie ich gehe und mich verabschiede
ist sie so lieb zu mir, dass ich 3 tage davon gute laune habe.

nur bin ich jetzt in der bredouille, dass ich nicht mehr zu segafredo am
hauptbahnhof kann, weil warum sollte ich, aber da hab dann sogar ich ein
schlechtes gewissen.

Settebello ★★★★☆

Alteburger Str. 5
50678 Köln
Südstadt

das ist mein lieblings eiscafe in köln aber mir fällt nie ein, was ich darüber schreiben soll. ok also, settebello. 2017 bei einem review von blair gings noch darum, wie dicke ältere männer allein im eiscafe sitzen und jetzt bin ich das. i have no regrets, es gibt nichts besseres als nachmittags da drin oder davor zu sitzen und ein eis zu essen, an so einem mittel warmen tag, und das eis ist meiner meinung nach das beste eis, das köln zu bieten hat. letztes jahr war es noch teurer als alle anderen, aber die anderen haben nachgezogen, oder auch überholt. da fällt mir ein, zu dem thema, die eisdiele am römerpark / friedenspark, manche sagen das eis ist da noch besser. es ist auf jeden fall teurer. ich glaube wenn die diese neuen löffel aus beschichteten sägespänen oder was das ist, wenn sie die haben, ist es das beste, aber mit den holzlöffeln schmeckt das ganze eis einfach nach holz. ausserdem sind sie immer genervt von der nervigen kundschaft. sie hassen die kundschaft, und 30 mins vor ladenschluss sind immer schon alle tische hochgestellt. ich würde die kundschaft ja auch hassen, kein problem, aber ich als kundschaft gehe da dann halt nicht hin. bei settebello sind sie meistens nett, oder nur so mildly genervt.

das einzige problem im hochsommer bei settebello ist, dass die immer schon um 8 zu machen, und man da kein nachtisch eis essen kann, oder halt nicht abends noch hingehen. zum glück gibts dafür das eiscafe forum, daneben, wo das eis lang nicht so gut ist, aber sonst einfach alles stimmt; der ort, die tische, die karte, die einrichtung, die kellners, die kundschaft und alles andere auch. nachdem ich mit svea das zu grosse loch in die küchenwand bei mir zuhause gebohrt habe und bevor ich mit nathan zu chennai chef gefahren bin, waren wir da zu dritt, in diesem fall sogar obwohl settebello noch offen hatte. wir sind dahin weil a) nathan einen decaf espresso wollte und meinte da ist der am besten + günstigsten, und b) ich nur gefrühstückt hatte und dementsprechend um 17 uhr total unterzuckert war, und da muss ich was salziges mit fett essen. ich glaube man nennt das untersalzt, nicht unterzuckert. bei forum gibts jedenfalls so ein caprese sandwich für überschaubare circa 5€, und ich esse das manchmal, obwohl es ein aufback ciabattabrötchen ist und da remoulade drauf ist, weil es so ein heimeliges deutsch-italienisches 90s feeling mir gibt. svea nimmt einen classic eiscafe, um 17 uhr, svea ist so hart drauf. so stark. wir reden dadrüber wo man eis essen gehen soll, ausser hier und bei settebello, und svea sagt sie gehen immer zu dem einen in kalk von dem ich den namen immer vergesse, und nathan sagt er geht jetzt nicht mehr zu [ais] weil die da jetzt hunde eis verkaufen. den lautschrift namen und den ganzen style und die

preise findet er ja schlimm genug, aber mit der hundeeis nummer haben sie bei ihm eine grenze überschritten. ich bin froh, dass ich jetzt nicht mehr mit dem diskutieren muss, dass wir da nicht hingehen sollen.

wir wollen grad los und stehen noch vor dem forum auf dem gehweg, da kommt josefine vorbei. sie sieht mich nicht, stellt ihr fahrrad mit dem kindersitz ab und geht einen meter entfernt an uns vorbei, ich überlege ob ich ihr hallo sagen soll, aber fände es stressig, so vor nathan und svea, mit denen ich darüber rede ob wir jetzt zu dialog gehen sollen und svea mitkommt, oder ohne svea zu chennai chef, svea ist das zu weit weg, ich muss da aber noch hin für das review.

josefine geht ein stück und begrüsst zwei freundinnen und sie überlegen der körpersprache nach, wo sie hingehen sollen. ich überlege dass es so wirkt, als wär sie jetzt mal rausgelassen worden, freundinnen abend, nur um 8 muss sie schon wieder zuhause sein zum das kind ins bett bringen. ne eigentlich, mir fällt dann auf, eigentlich ist das komplett meine einbildung und sie wirkt ganz entspannt + gut drauf.

Udum

Am Rinkenpfuhl 55
50676 Köln
Neumarkt Gegend

★☆☆☆☆

ich war hier mal vor jahren JAHREN nichtsahnend und wollte zu dem langweiligen vorgänger veganladen gehen, was mittagessen in meiner mittagspause und dann hatte da ein neues veganes aufgemacht, und ich habe eine von den bowls genommen weil es nur bowls als mittagsangebot gab, obwohl ich sonst nie bowls nehme, das sind meiner meinung nach näpfe. eine war mit paniertem tofu, und ich hab die bestellt und mich beim warten gefragt wie die es wohl machen werden, dass die ganzen sehr durcheinander klingenden zutaten zusammen passen werden würden.

ja, was meint ihr wohl, wie sie es gemacht haben, genau, sie haben es halt alles in einen napf geschmissen. hätte ich echt wissen können. es hatte einen starken abfalleimer vibe. udon nudeln und darauf der grüne fertig-algensalat, edamame als einzelne bohnen, gurkenstücke, avocadostücke, literally dosenmais, eine extrem süsse himbeersauce und als krönung ein nasses stück tofu, frittiert in einer hülle aus pappiger speisestärke und, mit blauer lebensmittelfarbe grünlich-grau-blau gefärbten, cornflakes.

ich esse immer auf, so bin ich erzogen, aber hier hab ich nach einem drittel aufhören müssen und zu der kellnerin, die ein bisschen verwirrt gefragt hat, ob ich fertig bin, leicht aufgelöst und entgeistert gesagt, das passt doch irgendwie alles nicht zusammen? danach bin ich stundenlang völlig ausser mir durch die strassen und gassen um den rudolfplatz gestolpert, und erst nachdem ich 10 stunden geschlafen hatte, am nächsten tag, hatte ich mich einigermassen erholt.

ich hab mir also gedacht, DA MUss ich hin für den gastro guide, das wird schön schlimm, aber weder jonas noch ich haben uns getraut diese bowl nochmal zu bestellen, es gibt die immer noch, sondern wir haben so sachen genommen die am wenigsten schlimm klangen. es war wie so ein fusion vietnamese für tourist*innen in berlin, so halt mediocre, aber nicht wirklich schlecht, bisschen arg süss, man schmeckt, dass es eine grosse küche und ein grosser laden und eine grosse karte ist. so mittel erträgliches essen. wenigstens jonas und ich sehen uns mal wieder und freuen uns da drüber. bumms voll ist der laden, komplett bis unters dach, start up bros und familien mit gerade ausgezogenen kindern, die eltern besuchen die und genau 1 person von 5 ist vegan und die anderen probieren mal was aus; leute mit hunden, doppel dates; aber hauptsächlich eltern und erwachsene kinder.

I Siciliani Dolce e Salato
Subbelrather Str. 345
50825 Köln
Ehrenfeld

meine ehemalige freundin ist in köln zu besuch bei einer freundin da ganz
hinten in ehrenfeld und wir wollen uns treffen und ich schlage vor da.

sie trinkt keinen kaffee mehr sagt sie, weil sie davon unruhig und ängstlich
wird. ich überlege, weil ich werde davon auch unruhig und ängstlich.

der chef vom tennisplatz restaurant hat erzählt, früher haben alle; die omas
und die kinder und alle dazwischen; alle zusammen jeden tag von morgens
bis abends gesoffen und geraucht und das machen die jungen leute nicht
mehr, und die kölsch kneipen sterben aus deswegen. das war noch ne andere
gemeinschaft aber auch krank ungesund. esther hat gesagt, dass sie im urlaub
keinen kater kriegt, als wir in dänemark waren mit jonas war das, und ich hab
drauf geachtet und es stimmt. ich frag mich also, ob die leute halt keinen
alkohol mehr trinken oder nicht mehr so viel, und keinen kaffee usw, weil sie
gesund leben wollen und das irgendwie unterm strich was positives ist, oder
ob einfach niemand auf diesen dauer leistungsanspruch und das stresslevel
und immer bildschirme mit news und mini witzvideos mehr klarkommt und
es deshalb niemand mehr packt mit dem saufen und rauchen und rausgehen
und kaffee trinken.

wir essen canolli in diesem super guten laden und meine ehemalige freundin
trinkt koffeinfreien cappuccino und ich trinke espresso und werde davon
unruhig und ängstlich und dann gehen wir noch bisschen spazieren da ganz
hinten in ehrenfeld.

Pottkind

Darmstädter Str. 9
50678 Köln
Südstadt

★★★★☆

ich hab mir überlegt so ganz genau das essen zu beschreiben, weil ausnahmsweise gibts hier mal wirklich was zu sagen, aber dann dachte ich ist auch affig, ich geh einmal in einen ernsthaften laden und plötzlich schreib ich so als hätte ich einen schlecht sitzenden anzug und halbschuhe angezogen für den besuch und ausserdem einen blog, der eat-drink-koelle oder sowas heisst. bisschen will ich aber schon von dem essen erzählen, zumindest von den ersten 2-3 gängen.

ok also, der gruss aus der küche ist ein malz brioche mit oliven gefüllt und mit einer hefigen creme drauf und roten eingelegten zwiebeln. ich stecke mir das in den mund und die glühbirnen um mich rum fangen an zu flackern. es ist so real der flavour leute. der zweite gruss war veganer tartar, den hab ich nicht verstanden, mit kartoffeln, naja es hat nicht den gesamteindruck von dem essen schlechter gemacht. als ersten gang gabs zucchini salat mit so einem bottarga-käse flan und krustentiersud oder ohne fisch in vegetarisch. ich glaube dann mit scamorza war das. das mit krustentier war natürlich viel kräftiger als das vegetarische, aber das vegetarische hat anders funktioniert. das fande ich sehr besonders, dass es nicht einfach nur ausgetauscht war und pech wenn es nicht schmeckt sondern neu abgestimmt. dazu gabs eine oliven-basilikumlimonade, die so unnormal geil geschmeckt hat.

eigentlich diese beiden sachen, da war ich noch frisch und hungrig: das allererste, das malzküchlein und dann die olivenlimonade, war beides so krassss es hat einen völlig neuen bereich im gehirn eröffnet von harmonie und geschmack und natürlichkeit von geschmack. eine komplett andere liga als die wenigen anderen fine dining experiences die ich hatte in meinem leben. der zweite gang kommt und ist für esther ein stück gegrillte makrele mit spinat, gespickt mit salzzitronen und algencrunch und so zwei sösslein daneben, eine ist mit pistazie. für mich quasi das gleiche mit einem gegrillten rettich statt makrele. zu trinken wahlweise salzzitronen-zitronenverbenentee im weinglas und kalt oder griechischer weisswein, auch im weinglas und auch kalt.

wir sind ganz entspannt und gleichzeitig aufgeputscht und ich bin mir sicher, dass das von dem essen kommt. wir sitzen an einem von den niedrigen tischen in der besonders gemütlichen nische und reden über unsere träume und pläne zwischen den gängen. es ist sehr gutes licht und ich kann ein bisschen in die küche sehen und was sie da alles anrichten. die am nebentisch stören uns gar nicht, sie reden leise genug. eine sehr alte frau und und ein sehr junger dicker und stattlicher mann mit einem nachtblauen, massgeschneiderten anzug und langen schwarzen haaren, der zu ihr sagt sein perfekter abend wäre im l'arcane zu sitzen für 5-6 stunden und 2 flaschen champagner zu trinken, allein mit nem buch.

es ist besser geworden im vergleich zum letzten mal als wir da waren vor zwei jahren. damals war es ein vegetarisches menü, was sich fast ausschliesslich auf butter- und käsegeschmack stützte. vielleicht hatten wir aber das gefühl jetzt auch weniger, weil wir zur zeit mehr milchprodukte essen und damals waren wir quasi komplett vegan. wenn man die öfter isst, schmeckt man ja den stall- bzw scheissegeruch von milchprodukten bekanntlich nicht mehr so.

die weinbegleitung war damals noch toller glaub ich, aber diesmal war sie schon auch ziemlich gut. und auch wenn ich diesen punkt eher unwichtig finde: die menge von dem essen allgemein fand ich sehr gut. letztes mal hatten wir danach noch hunger, wobei da hab ich auch ne ganze weinbegleitung getrunken, was ist das, eine flasche? dann war ich besoffen, zu wenig grundlage, und wir haben bei backes gegenüber weitergetrunken und nüsse und salzstangen gegessen.

NapoLike

★★★☆☆

Gottesweg 16
50969 Köln
Zollstock

jonas und ich fahren mit dem leihauto von einem job zurück nach köln und die abgabe station ist in zollstock, ich weiss nicht wie wir auf den laden gekommen sind, aber ich hab gesagt da gehen wir jetzt ne pizza essen. wir sind mega happy dass der job vorbei ist weil wir waren richtig gestresst von dem. esther holen wir ab, ich fahre sie und jonas dahin und bringe das auto weg und die besorgen uns einen tisch. es ist ziemlich voll da, gibt nicht so viel in zollstock, aber bis ich komme sitzen sie da und trinken peroni.

napolike, wie der name schon sagt, ist ein laden für neapolitanische pizza für eher eine bisschen jüngere zielgruppe. ich liebe den namen, und das logo ist eine pizza die wie ein mond hinter dem vesuv aufgeht, das ist so bescheuert.

sie haben einen gasofen, in dem die pizzen so peng fertig werden und dann bringen sie sie uns. es gibt auch ein bisschen wildere pizzen, mit wurstscheiben und pistazie nach dem backen drauf gelegt zum beispiel, und natürlich frittierte pizza, aber ich hab das gefühl es sind alles schon neapolitanische klassiker, die es nicht erst seit gestern gibt, sondern die seit 20 jahren erprobt dort worden sind.

ich nehme eine rote pizza mit parmesan, kapern, sardellen, oliven, mozzarella. sie ist sehr gut, es ist nicht zu viel von den salzigen komponenten drauf, der boden/rand ist aromatisch und luftig, ich bin glücklich, die anderen mit ihren pizzen auch. mir gehts nur danach immer sehr schlecht, nach diesem neapolitanischen hefeteig, egal zu welcher pizzeria ich gehe, das bier macht es noch viel schlimmer, kann ich nicht so oft machen. ich denke mir, vll hilft ein espresso und tiramisu, ich teile das mit esther, es kommt in einer espressokanne serviert, in dem oberen teil. die kanne ist sehr kalt und beschlägt, nice. es ist nicht so gut durchgesuppt unten, ist zu wenig kaffee drin, und denke es würde besser schmecken wenn es nicht in so einer kaffeekanne aus alu wär, aber mir gefällt dieser flavour von beknacktheit; der name und das logo und das bläuliche licht da drin und die plastikzitronen. oder anders gesagt, was jemand bei google geschrieben hat: das ambiente ist sehr schön eingerichtet

Bar Hospital

★★☆☆☆

Kartäuserhof 27
50678 Köln
Severins-Viertel

nathan und ich sind bei hayati einen falafel essen, ist mal ne abwechslung von lim falafel; mangosauce, scharfe sauce, karotten-eisberg-füllstoff, aber bei lim falafel ist es schon viel besser, da sind wir uns einig. ich hab ein schlechtes gewissen, dass ich mich ein bisschen verspätet habe, weil nathan wartet eigentlich nur bis lus endometriose op vorbei ist und jetzt hat er nicht mehr so viel zeit bis er wieder hin muss weil sie frühestens um 2 wieder auf dem zimmer ist. wir reden über ob man kinder kriegen soll und was für welche oder warum lieber nicht. dann gehen wir zum krankenhaus und ich warte unten im eingangsbereich. es kommen ganz alte leute rein und ganz frische babys werden rausgetragen und in der eingangstür treffen die sich und die alten leute sagen ei ei mädchen oder junge zu den babys. nathan hat das zimmer erst nicht gefunden und dann schon, aber lu ist noch nicht wieder dort und deswegen gehen wir zur hospital bar und trinken einen starken espresso, so stark ist der dass wir beide gar nicht mehr können danach, und nathan mir nachts schreibt dass er immernoch panik hat deswegen, sein gehirn würde sich anfühlen als würde es jemand schälen und in einen tiefen dunklen ozean aus angst werfen und ich schreib zurück ja ist bei mir auch so. sind halt nicht mehr die jüngsten

Akkus Konya Pide Salonu ★☆☆☆☆

Keupstrasse 63
51063 Köln
Mülheim

einziger gast um 14 uhr pide 9 euro mit billigem käse aber der ist schon
ok, und eisberg tomate gurke ohne dressing daneben, i don't get it. die
imbissigen restos müssen in einer ganz schönen bedrängnis alle sein, mit
mehrwertsteuer energiepreisen wuchermieten inflation transportkosten
mussten die die preise erhöhen und jetzt kommen viel weniger leute, also
müssen sie deshalb nochmal die preise erhöhen weil sie mit der hälfte vom
warendurchsatz das gleiche geld versuchen müssen reinzuholen und peng
machen die zu.

Istanbul Börekcisi

Keupstrasse 93
51063 Köln
Mülheim

ich komme da rein und freue mich weil es ist ein guter laden: ihr kennt mich ja ihr wisst was ich gut finde.

es gibt nur eine sache quasi, kleiner laden, ein tisch, an der kasse ein berg quittungen, der geruch fast wie in der focacceria in ligurien, italien, wo ich als kind 2x war.

er hat ein kleines messer, das wie eine in der mitte durchgeschnittene kleine sichel aussieht, mit einem griff an der dicken schnittstelle.

ich stehe da und warte und eine frau vor mir bestellt ganz viel und der mann lächelt mich an und ich geb ihm ein zeichen, dass ich nicht ungeduldig bin. wie ich bestelle und sage ich will kartoffel und käse, also zwei portionen, sagt er, das ist zu viel, er macht mir 1 portion aber halbe halbe.

sowas würde ein geschäftsmann NIE machen.

die böregs stücke sind lecker, sehr.

ölig und schwer aber nicht triefend vor fett. zäh, daran meine ich zu erkennen dass es mal arme leute essen war. zäh simuliert fleisch, zäh ist was zum kauen, zäh macht satt, ist gut und geil. die kartoffeln sind stark gewürzt, mit was rotem und anderen gewürzen, vielleicht weissem pfeffer und sehr salzig. dazu trinke ich ayran.

ein jüngerer mann kommt rein und sie begrüssen sich herzlich und er wünscht mir guten appetit, sie reden türkisch und nur ein wort ist deutsch, pflegeheim. der inhaber trinkt einen schwarztee und isst einen würfel zucker, er wirft ihn sich in den mund und beisst drauf, sie gehen raus und reden weiter. der inhaber kommt wieder rein und hat was auf dem herd vergessen, ein wasser-börek, und sagt auf deutsch, oh nein, vergessen. aber es ist noch gut, er lässt es noch bisschen drauf. ich frage nach den unterschieden von den einzelnen böreks. böregi: 4 davon sind gewickelt und mit fleisch, käse, spinat oder kartoffeln gefüllt. 1 ist von einem grossen runden blech oder einer pfanne, es wird in 4-eckige kleine stücke geschnitten, es ist mit eiern, käse, und scheibenkäse, sagt mir der mann. das heisst wasser börek.

das letzte ist süss und es ist milch im teig. ein viereckiges stück, er schneidet einen vll 3,5 cm breiten streifen mit einer kleinen, schon von dem fett und zucker ganz glänzenden und an den ecken abgenutzten holzleiste, als mass, ab. damit es immer gerade und gleich breit ist. dann schneidet er den streifen in kleine stücke, die ein bisschen wie baklava aussehen und bestreut sie mit puderzucker. er will mir auch gleich eins abschneiden, aber ich sage nein ich bin zu satt danke! ich denke dann muss er doch eine ganze reihe abschneiden, für ein kleines stück… er bietet mir stattdessen tee an und ich nehme einen. ich sage vielen dank, das war wirklich sehr leckeres börek, und er sagt guten appetit! er fragt wo ich herkomme und ich sage deutschland, er kann es irgendwie nicht glauben, er fragt nochmal nach, ich sag ja ganz und gar. er probiert einen witz zu machen, er sagt sowas wie, deine mama und dein papa haben was falsch gemacht, haha! wir reden über dass die AFD so viele stimmen kriegen wird, bei der europawahl. ich sag dass es mir angst macht, ich wollte klarstellen dass ich gegen die bin, aber es klingt so dumm, was soll der denn denken wenn ich sag dass ich angst hab. er sagt ja scheiss AFD. dann fängt er so einen witz an, er kriegt so eine defiance im blick und sagt das ist deutscher tee! das ist deutscher ayran! das hier ist deutscher börek! ich bin deutscher! wir lachen. er sagt ne aber spass beiseite, die ausländer hier machen nur probleme, schmutz und müll, heroin, überall sonnenblumenkern-schalen, er musste schon mal strafe zahlen wegen müll vor seinem laden. ich versuche, was dagegen zu sagen, aber komme nicht so durch, ich hab auch nicht die argumente parat, dann kommen zwei neue gäste rein, ich stehe schnell vom einzigen tisch auf, sie bitten mich, mich doch dazuzusetzen, aber ich muss eh los. der besitzer von istanbul börekcisi lächelt die sehr freundlich an und macht denen einmal käse und einmal süss, mit puderzucker, und ich wünsche dem noch einen schönen tag und zahle und gebe bisschen zu viel trinkgeld.

beim ersten mal dort hab ich gedacht, mit dem queeren englischsprachigen team und den rumpeligen oma-café-möbeln ist es ein bisschen wie k-fetisch früher in berlin. nur schilder auf den tischen, die über die bereiche im café informieren, in denen laptops verboten sind, das haben sie bei oya zum glück nicht.

beim ersten mal war es auch noch voll, alle tische waren besetzt, hauptsächlich mit heten paaren um die 50, die so sozialdemokratisch-müllemisch angezogen waren und mal was ausprobieren wollten. aber heute ist es irgendwie leer und traurig. traurig ist es weil es so leer ist und es steht ausserdem spritz to go und iced coffee auf dem aufsteller draussen wie bei so einem laden, der schon aufgegeben hat, dabei sind sie noch so neu, sie haben noch nicht mal ein schild mit dem namen über der tür. ich hoffe, sie machen nicht zu, das ist schon die coolste adresse von k-mülheim.

die einzigen gäste sind 4 leute die ein brettspiel spielen. würde sich das in berlin jemand trauen? man kann ja ruhig ein brettspiel spielen, aber muss man das denn in aller öffentlichkeit machen, wo es jeder sieht... wobei es ist auch noch früh, es ist ja eher sowas in richtung bar. die bar experience hatte ich nie. ich gehe grundsätzlich nicht mehr raus nach dem abendessen. so ist es ein bisschen so, als würde ich ein club review schreiben und nur von 11-12 für ne stunde da sein.

die kellnerin heute sitzt im gastraum, ich sage hallo weil ich schon weiss dass sie hier arbeitet, vom letzten mal, und sie sagt nicht hallo zurück, steht nur auf und geht in die küche. dann irgendwann kommt sie zu meinem tisch, fragt ob ich schon weiss und ich sag nein, entschuldigung, muss noch schauen, und sie geht weg ohne ein weiteres wort. ich rufe ihr dann zu, ich will ein alkoholfreies bier, und nachdem sie mir das gebracht hat, setzt sie sich wieder an einen gästetisch und schaut tik toks mit ton.

beim letzten mal: einer von den müllemer 50 jahre alt typen hat einen grauburgunder bestellt und der kellner fragt was das ist, und der typ sagt, das ist wein, steht auf der karte, und der kellner sagt, muss er nachfragen, und die freundin von dem typen bestellt alkoholfreien aperol spritz und der kellner sagt, do we have that? und sie sagt, es steht auch auf der karte und er sagt, SLAY!
die eine die als einzige so wirkt als hätte sie ahnung und so einen leichten

gastgeberinnen vibe, hat gefragt was ich bestellen will und ich hab gesagt ich nehme den alkoholfreien cocktail, mit grapefruit. ich denke, ah die wird bestimmt mal gastronomin. also sie ist es schon, aber sie bleibt es. bei den anderen bin ich da nicht so sicher. jemand bestellt salat aber die sagen der salat ist aus und ich denk mir leute ihr habt grade aufgemacht der rewe ist so nah, habt ihr gar keinen geschäftsinn.

den ganzen style checke ich nicht ganz, auf der karte ist zwischen jedem wort | so | ein | gerader | strich | es | gibt | kuchen | und | brot | mit | oliven oder | hummus | oder | auch | salat | der | grapefruit | alkoholfreie | cocktail ist sehr lecker. die musik ist heute so metronomy mässig, die bar ist aus türkisen fliesen und sieht cool aus. manche details und krimskrams sind so modern north african café style vielleicht? und dann so jugendzimmer mässig aufgehängte fotos und poster. die tische sind mit kerzen drauf und die stühle, so alte cafe möbel aus holz, und die sofas sind so unendlich unbequem, so unbequem, dass ich denke achsoo deshalb k-fetisch! aber ich hab es verwechselt der laden heisst ja oya! sie haben nur wie gesagt noch kein schild.

Kaukasia

★★☆☆☆

Clever Str. 2
50668 Köln
Kunibertsviertel

die sind mega nett und so improvisiert und süss und deswegen kommen wir wieder, sagen moritz und ich, obwohl das essen nicht toll war. der wein war gut der amphoren wein, finde ich. das essen wäre bisschen besser gewesen bestimmt an einem tag wo nicht 2 grössere gruppen da sind, aber der in riehl ist schon leckerer, auch an einem guten tag.

kühlschranktemperaturvorspeisen, tomaten diese wassrigen schlimmen, aber es gibt ja heutzutage keine anderen mehr. essen gehen ist so depressing.

oté ★☆☆☆☆

Eigelstein 122
50668 Köln
Eigelstein

wein 0.15 für 7 euro, es ist billiger grauburgunder, okayer negroni sagt moritz,
ausschliesslich unsympathische leute als gäste.

Salon Schmitz

Aachener Str. 28
50674 Köln
Belgisches Viertel

ich war seit jahren nicht mehr beim salon schmitz oder irgendeinem schmitz laden, und es macht auch keinen sinn darüber was zu schreiben weil es kennen ja alle und wissen wie es da ist. wobei vielleicht, kann gut sein dass wir alle schon seit jahren nicht mehr da waren, und nur noch touristen hingehen. ich mache mich also dahin auf den weg.

ich trinke einen cappuccino mit hafermilch für 9,60 und esse ein rührei mit einer scheibe graubrot und butter und kräuterquark für 31,90. (nein es stimmt nicht, es kostet vielleicht die hälfte davon.) ich kriege es und denke ja ok lecker aber langweilig, dann hab ich noch das rührei und den kräuterquark, aber hab das brot schon aufgegessen weil es ist wirklich eine sehr dünne sehr kleine scheibe brot. ich streiche mir also den kräuterquark auf das rührei und bin begeistert? das ist wie ein neues gericht, was da bestimmt fast täglich immer wieder aufs neue von den gäst*innen erfunden wird. TOLL TOLL TOLL!

eigentlich bin ich ja wegen dem ambiente da, es gibt nur salon schmitz und café am römerpark, wo man so richtig ein richtiges café feeling kriegt, weil die gross genug sind. leider beim schmitz inzwischen nehmen sie einem auch die tasse weg und sagen verpiss dich sobald man ausgetrunken hat.

am nebentisch sitzen zwei typen, so um die 30, und es kommen nochmal zwei dazu, die weniger lauch mässig aussehen. 3 sind so in dem style dass ihre freundinnen die einkleiden. ich belausche die ein bisschen. zuerst machen sie so kennenlernmässigen smalltalk und in dem geht es darum, dass der mann von der schwester von dem einen vor drei tagen gestorben ist. er war 53 jahre alt. man muss jeden tag geniessen. der opa von dem anderen war 3 jahre im ruhestand, dann war er tot. das rentenalter geht hoch. einer sagt er hat seinen eltern einen laden (ich glaube ein türkisches restaurant) aufgemacht, damit die was zu tun haben, jetzt ist er wieder zu weil er nicht lief aber man muss was zu tun haben, seine mutter will jetzt im obdachlosenheim suppe austeilen.
der opa von einem anderen war 54 jahre friseur, seine frau hat ihn gedrängt in rente zu gehen, jetzt sitzt er nur noch vor dem fernseher.
nachdenkliches schweigen, sie sind nett und ehrlich zueinander.
einer sagt, wir haben 10 jahre so viel gearbeitet wie andere in 30 jahren, ich hab 17 stunden gearbeitet andere 8.
aber du hast auch was geschafft, sagt der andere

ja aber was bringt dir das .
im endeffekt ist es ein job.

am anderen tisch schaut eine circa mitte 50 jährige frau ein
betriebswirtschaftsvideo auf dem handy auf laut auf schwitzerdütsch.
irgendwie die verheissung von salon schmitz ist, dass man so ein geiles
panino kriegt und einen alkoholfreien roten aperetif aber dann trinkt man
doch nur cappu und isst rührei und es kostet 25€... die kellnerin nimmt
mir die tasse weg und ich sage danke, sie fragt ob ich noch was will und ich
sage grade nicht, vielen dank.

am nebentisch die jungs sind am diskutieren. angestellt arbeiten wäre
gar nichts für mich – gegenseitig pushen – wenig urlaub gar kein urlaub
zu wenig urlaub – der druck: der grösste druck ist der druck, den man
sich macht. ich habe bei SCHALA gearbeitet 12-13 stunden am tag – aha
SCHALA krass, die schulden uns noch 15.000€. deutsche immobilien ist
insolvent, schuldet uns noch 104.000€, da kriegen natürlich die banken
zuerst alles und wir sehen das nie mehr, das geld.
die firma immo-side macht innensanierung. wohnungen verkaufen ist ihr
business.

die kaufkraft ist ja nicht mehr so
in sehr guten lagen geht das noch
bayenthal wir haben 8 tage für die vermarktung gebraucht
super preis die zahlen alle cash bar
wie war die summe
du musst mindestens die hälfte haben aber nur an den lagen
und dann sagen die: "wir zahlen es so"
400.000 euro für ne wohnung
die wohnen in berlin sind ab und zu hier
stellplatz 15.000 euro
nicht mal garage!
selber preis 373 tausend euro
wir machens halt selber deswegen
das kannst du halt machen
da kannst du den mietspiegel wenigstens aushebeln
vermietet für 1800 nach renovierung für 10.000

dann sagt der eine:
kommen wir zu unserem ding
gut 50 50 kann ich mir abschminken das sehe ich ein
aber das wusstest du vorher schon
dann hab ich leverkusen gekauft

das machen wir
ich hatte 2,1 mio für 3,7 prozent
naja er hat die sicherheiten nicht
kann ich mir abschmieren sagt er
kann ich mir abschmieren
das unternehmen muss am bau verdienen auch am vertrieb
wir können uns gerne nochmal über prozente unterhalten
der andere sieht auch in dem projekt viel potential
bau 15 monate 9 für vertrieb
die meisten würden jetzt vermarktung machen
wenn ich jetzt knallgas gebe
das bauen aussen über den sommer machen
dann kann man drinnen im winter weiterarbeiten
das war ursprünglich der plan
wir haben uns zusammengesetzt mit unserem kompagnon
kalkulation war 2800 euro
du hast trotzdem ne sicherung für dein geld
ich mach spass

der eine von den beiden von der baufirma, der am kantigsten aussieht, hat die beiden von dem immobilienprojekt in der tasche. der weiss wies geht mit dem verhandeln, der schlägt finten, sagt sachen zum die reaktion antesten und dann dass es ein witz war, und die anderen sind so, ah ja ne ja klar, so meinte ich das nicht, verhaspeln sich.

die mit dem youtube video bestellt sich noch einen sekt orange.

der kompagnon heisst carsten
kofferraum 300.000 wenn das einfacher geht
jedes jahr ein mehrfamilienhaus
wie passt unsere zusammenarbeit zusammen
grosse dinger drehen in zukunft

chance für die zukunft
comprende verstanden

Lai de Hao

★★★★☆

Salierring 38
50677 Köln
Barbarossaplatz Gegend

tülay will da mit uns hin und sagt es ist am besten wenn man paar mehr leute ist, dann kann man mehr verschiedene sachen nehmen, und dann kommen noch nathan und lu mit, und sofia natürlich und esther. philipp ist nicht dabei weil sein tummy hurts vom vielen fressen und saufen der king.

lai de hao war früher sehr beliebt wohl und dann hat es zugemacht und ein neuer laden hat aufgemacht, es wirkte so ein bisschen wie als hätten kinder oder nichten / neffen von den besitzern übernommen. es war ein asian fusion tapas laden, der sah aber besser aus als das jetzt klingt aber der lief nicht gut und ich war da nie.

dann hat lai de hao wieder aufgemacht, und für tülay und die anderen stammgäste muss das wie so ein wunder gewesen sein, komplett mit der alten karte und den alten bedienungen. wir haben uns gefragt ob das von vornerein geplant war, ob die einfach mal ne pause gebraucht haben, oder ob das so uli hoeness mässig war dass die alten wieder übernommen haben weil die jungen es nicht hingekriegt haben.

wir sitzen an dem tisch mit dem glas-dreh-tablett, tülay bekommt von uns den free pass zu bestellen, und sie bestellt kleine teigtaschen, gemüse mit knoblauch, frittierten tofu mit sehr viel schwarzem pfeffer, irgendwas sauciges sehr befreidigendes, gebratene sehr weiche reismehlküchlein und noch 10 andere sachen. es kommt nicht gleichzeitig, sondern mit langen pausen, sodass wir zeit haben zum quatschen zwischen drin. am anfang hab ich sowas gesagt wie, ach schade dass philipp nicht da ist, mit dem ist es immer so lustig, so zum nette grüsse ausrichten an ihn quasi, und jetzt verarschen mich nathan und lu und sofia den ganzen abend und sagen, naja so cool und lustig wie philipp sind wir natürlich nicht, na hältst dus noch aus ohne philipp usw. nach einer weile kriegen wir mit, dass in dem separee raum wohl special kundschaft sitzt, die sehr viel bestellt, und deswegen dauert es so lang. tülay ist ein bisschen gestresst ob wir es auch gut finden, sie fühlt sich verantwortlich dafür dass der laden auch gut ist und sagt, normalerweise dauert das nicht so lang. ich finde es total entspannend, mal nicht der zu sein der leute in einen laden geschleppt hat und sozusagen für den bürgt, und finds auch nicht schlimm, dass es dauert, so bleibt man immer ein bisschen hungrig, unbefriedigt, und will mehr. am ende fressen wir uns so voll, sie bringen noch zwei sachen extra, weil es so langsam ging, und nachdem wir schon eigentlich nicht mehr können und schon die letzten sind, bestellen wir in teig gehülltes frittiertes vanilleeis mit mangosauce, das so unfassbar lecker ist, aber nachdem ich die halbe nacht nicht schlafen kann weil ich so satt bin.

L'Antica Pizzeria da Michele

★★★☆☆

Venloer Str. 658
50827 Köln
Bickendorf

wir wollten zu la fonda oder so, aber das hatte sonntags zum glück zu und dann wollten wir zu maspinzelo und ich war zu spät aber dann hat moritz geschrieben stop und dass da strassenfest direkt vor der tür ist, mit bühne mit musik und kölsch wagen und karussel, dann haben wir uns getroffen und ne weile überlegt aber es war nicht so richtig was dabei, bei google maps stand, auf der venloer weit draussen sind zwei pizzerien und dann waren wir bei michele und es war richtig gute pizza und karierte tischdecken und staubige stinkige luft und die traurigen hochhäuser mit dem rewe unten drin im sonnenuntergang cool geil

Caruso Focaccia Bar ★★☆☆☆

Zülpicher Strasse 275
50937 Köln
Sülz

ich bestelle und muss meinen vornamen sagen und bezahle und setze mich hin und warte auf mein essen. neben mir sind so zwei ältere typen die reden über eine app zum stolpersteine einscannen, irgendwie in kooperation mit ndr oder wdr und es gibt mehrere apps die in konkurrenz sind, und ich hör denen bisschen zu und denke mir oh je, holocaustgedenken als business opportunity, wie beim film.

insgesamt sind in dem nicht so kleinen laden, der ziemlich voll ist, eher so einfache spiessige leute, sie sehen aus wie aus münster, mit 25 % yuppies anteil beigemischt und vll einer person mit piercing und latzhose. die einrichtung ist in hellem holz grau weiss schwarz nordisch modern spiessig gehalten. der eine von den wdr entrepreneurs wünscht sich akustikpanels unter der decke, er sagt, er ist zu alt für ohne.

ich hab überlegt die sachen die ich besonders schlimm finde vom namen her zu nehmen aber hab es dann gelassen, weil woanders würde ich das ja auch nicht machen. ich bestelle zwei stücke focaccia mit tomatensauce und anderen sachen oben drauf. es gibt auch gefülltes focaccia, so quasi ein sandwich, für 10-12€ aber das hab ich nicht gehabt. dann haben sie noch arancini und frittierte meeresfrüchte, da kann ich nur die augen rollen leute, macht doch e i n e sache halbwegs gut, ich versteh es nicht warum. vll damit leute, die gluten-free sind und andere hinbegleiten auch was essen können? aber die sind doch paniert? ich hab also zwei stücke von dem "focaccia" bestellt und der ruft meinen namen, nachdem er sie heiss gemacht hat und gibt die mir. eins ist mit kapern, oliven, noch mehr anderen oliven und rohen kirschtomaten. die kirschtomaten sind gut, die kapern und oliven machen keinen sinn weil es ist ja die tomatensauce und der teig schon so dermassen auf anschlag gesalzen. ölig ist das focaccia nicht, klar bei dem olivenöl preis. es liegt auf so einem öl aufsauge papier, wie in italien, aber da ist nichts zum aufsaugen. das papier bleibt unbefleckt. das andere stück ist mit tomatensauce, mozzarella sardellen und basilikum, auch sehr salzig. das besondere ist, dass der dicke unten knusprige sonst sehr luftige teig oben noch nicht durch gebacken ist und im mund so ein sauceiges gefühl gibt mit der tomatensauce zusammen. er ist roh. ich habe sehr lange nachgedacht und bin zu dem schluss gekommen, dass es nicht absicht ist.

alles in allem kann ich zu dem focaccia nur sagen, dass es in meinen augen pizza ist.

ich finde es ist pizza.

Eiscafé Venezia

★★☆☆☆

Buchheimer Str. 37
51063 Köln
Mülheim

beim letzten mal dass ich hier war kamen schlager im radio, so echte alte schlager, aber heute läuft swr1 rheinland pfalz, das sind keine oldies sondern reaktionäre popmusik von 1990 bis heute. das eis ist ok. die einrichtung ist einfach nur geil, orchideen und kleine marmortische, einbau-polster-leder-sofaecken, bemalte wände mit venezianischen szenen, glitzriges glas. der keks schmeckt nach staub. diese verheirateten künstler*innen sind hier und sie bestellen gerade eis an der theke. ich nenn sie die verheirateten künstler*innen, weil der typ hat, als ich den kennengelernt hab und er 25 war, immer so übertrieben betont "meine frau" gesagt, wenn er von seiner frau geredet hat, weil er und seine freundin geheiratet hatten. wenn ich jemand sehe wo ich nur so flüchtig kenne, tu ich meistens so, als hätte ich die nicht gesehen. ich hab mir das wegen den mittelalten kunsttypen angewöhnt, die, wenn man die auf der strasse grüsst so hingucken und wieder weggucken. das man das machen soll um dominanz auszustrahlen, haben die vermutlich alle in dem gleichen männer ratgeber gelesen. aber ne diese freude mache ich denen nicht mehr mit dem grüssen, ich grüsse sicherheitshalber niemanden mehr, ich sehe niemand!
nur, wenn man die leute übersieht, obwohl man die gesehen hat, kann es nach hinten losgehen, weil dann muss ich so ein überraschtes gesicht machen, wenn sie mir dann doch hallo sagen. eigentlich, ich will das in zukunft unbedingt lassen, das überrascht tun. sollen sie doch merken, dass ich sie schon bemerkt hatte! ich bin ein mann!

ich schaue kurz hin, beim das hier schreiben, und der verheiratete künstler schaut mir gerade in dem moment direkt in die augen, also schaue ich so ganz blitzschnell wieder weg, so ich schaue nur eine milli milli sekunde hin, ich schreibe den satz zu ende und dann schaue ich wieder hin und mache so ein, ach ne, du? gesicht, und er kommt her und seine FRAU kommt auch an den tisch, und er redet von beiden nur in der wir form, und sie sagt nichts und schaut mich säuerlich an. ich frag ob sie hier wohnen und er sagt ja und sieht mein notizbuch und sagt ah bist du zur "re-cher-che" hier, und ich frage ob sie schon bei oya waren, und er sagt nein haben wir noch nicht hingeschafft, und ich denke mir, jetzt macht EIN mal ein laden in mülheim auf und ihr schafft es bestimmt erst hin wenn der wieder zugemacht hat, seit 4 monaten oder so gibts den und ihr habt es noch nicht hingeschafft. und dann wieder rumheulen dass es in mülheim nichts gibt, nur jakubowski und eine eisdiele mit okayem eis.

vermutlich bin ich nur so genervt von dem, weil er mich beim nicht hallo sagen erwischt hat. ich sag sowas wie, naja man kann ja nicht immer saufen gehen, ist ja eh ungesund, so als entschuldigung für die, dass sie noch nicht da waren, und sage noch eingrenzend dazu, dass sie bei oya aber sogar alkoholfreien aperol spritz haben. und der verheiratete künstler sagt, nein, wir mögen das, (also saufen,) und ich denke warum redest du in der wir form und deine FRAU steht daneben, leute gibts, und das eis scheinen sie auch zu mögen, to go und ohne das ambiente.

naja, in mülheim ist es halt das hier oder solero mit gefrierbrand vom kiosk.

Maspinzelo

★★☆☆☆

Landmannstrasse 4
50825 Köln
Neuehrenfeld

wie esther und ich von maspinzelo aufgebrochen sind und noch geschaut haben ob irgendwo eine eisdiele auf hat und grade auf die venloer strasse einbiegen seh ich jemand im augenwinkel, gehe aber weiter, und esther dreht sich um und sieht jemand und sagt ah hallo, und am boden vor einer kneipe sitzen meryem johanna nils und nickel und wir begrüssen uns. es ist c o pop, der letzte abend, und die venloer strasse ist gesperrt und es werden gerade noch ein paar stände abgebaut. (als teil von der co pop oder nicht bin ich nicht sicher.) die anderen erzählen uns von der co pop: es gab einen rave in einer sparkasse und die sparkassen mitarbeiterinnen haben die bar gemacht und eine pyjama party in einem club mit übernachtung und filmvorführung und crazy frog ist aufgetreten aber das kostüm hat 80 kilo gewogen und er konnte nicht die arme über dem kopf zusammenschlagen weil zu schwer und der auftritt ging nur 10 minuten und war der teuerste act. ausserdem gabs eine diddl-maus und ein apache double. ich hab nichts n i c h t s von der co pop mitgekriegt, ich bedaure auch nicht dass ich nicht da war aber es klingt toll und ich bin amazed davon dass es dieses riesige festival gibt und ich mich auch mit köln beschäftige zur zeit und aber nichts davon mitkriege. ich hab kein instagram mehr, also ich benutze es nicht mehr, ich schaue nur manchmal rein aber dann kommen nur videos von schafen oder autos oder irgend so ein scheiss. am anfang habe ich mich so abgeschnitten gefühlt von meinen freunden und halt den leuten, das ist inzwischen nicht mehr so.

wir ziehen los zusammen zum bierkrug und weil ich grade ein buch lese von 1929, menschen im hotel heisst das, wo sie immer durch die nächte ziehen und geldsorgen haben oder reich sind und die stadt ist dreckig und voller leuchtreklamen, und sie haben kein instagram; legt sich das gefühl davon über den abend und das sich zufällig treffen und losgehen was trinken und durch die milde nacht stapfen. johanna fragt, wo wir denn waren, und wir sagen bei maspinzelo und sie sagt unddd? und ich sag ja war ok, und sie sagt sie fande es super, die gastgeberin ist so gastgeberig, und ich sag, ja das stimmt allerdings. sie hat uns erzählt dass ihre familie zu besuch ist aus georgien und es mega anstrengend ist und wir waren direkt irgendwie teil von dem inventar. aber das gefühl von georgischer tafel ist natürlich auch schwierig zu bekommen wenn man zu zweit ist, und meryem sagt, ach wow! und ich sag ne also es ist NICHT aufgekommen und meryem sagt achso, ich dachte das sei trotzdem aufgekommen. ich sag ne, und wir waren die einzigen gäste ausser einem ersten date, wir konnten nicht anders als denen zuhören. der mann hatte einen vollbart und einen anzug an und die frau

68

einen influencerinnen hut auf und so ein handy das so gross ist wie ein tablet an einer halskette und hat ihn den ganzen abend interviewt, wo er sich in 5 jahren sieht und sowas, und diese gelegenheit, den ganzen abend monologe zu halten, hat er sich natürlich nicht entgehen lassen. er sieht sich in 5 jahren als professioneller prep talker der mit limousine vorgefahren wird, mit zweitwohnsitz in der toscana.

bierkrug hat zu und dann gehen wir zu den hängenden gärten aber die haben auch zu und dann gehen wir zu dem ehemals weltempfänger hostel jetzt asimmetric bar und trinken da noch was, wir haben uns alle ganz viel zu erzählen alles mögliche, es kommen noch andere dazu und dann nehmen wir die letzte bahn und die anderen gehen auch nach haus.

Frohnatur Weinstube

★★☆☆☆

Hansemannstr 33
50823 Köln
Ehrenfeld

bei google bei den reviews hat einer sowas geschrieben wie, gut, da gehen halt die ehrenfelder rich kids hin, weil man da seinen beanie aufbehalten darf, aber echte sterne restaurants sind tausend mal besser von preis-leistung und folgerichtig haben tülay, philipp, sofia, moritz, nathan, lu, esther und ich uns dazu verabredet, mit sehr kleinen beanies zu kommen. ich falte also meine wintermütze 13 mal um und betrete den laden, nur zum festzustellen, dass ALLE ausser mir sich gedrückt haben und KEINEN sehr kleinen beanie aufhaben. zur strafe habe ich sie dazu verdonnert, das review für mich zu schreiben. (nicht dass ich die alle eingeladen hätte, soviel geld hat die kunststiftung nicht springen lassen. bisschen knausrig wenn ihr mich fragt.)

moritz:
das essen war nicht gut, die weinkarte allerdings schon. fairerweise auch eine weinstube und keine essstube. der laden ist für kölner kreativschaffende mit kleingeld oder erste dates, zum beeindrucken. bodenständig aber auch nicht so ganz umgesetzt und durchdacht. man hat das gefühl, nichts FALSCH machen zu können.

sofia und tülay:
was war gut: wenig. die gesellschaft war gut, die weine waren sehr gut. die weinauswahl von moritz war sehr gut. besonders der gelbe muskateller. der service war sehr freundlich und kompetent.
sehr verwirrend: sie ändern das konzept ständig, jetzt gibts die kleinen teller zum teilen wieder, als wir da waren gabs die nicht, weil die kölner*innen sich anscheinend so beschwert hätten, wenn die am nachbartisch zb eine stange spargel mehr hatten.
tülay: ich glaub ja, dass die leute nur auf die nachbarteller schielen, wenn sie nicht satt werden, zwinker zwinker.
sofia: ich hab mir zuhause noch zwei brote geschmiert.
tülay: besonders schlimm fand ich die alufolie unter den austern. wenn die so auf regional saisonal machen, wovon ich jetzt auf nachhaltig-sein-wollen schliesse. es sei denn, die benutzen die wieder, das wär aber auch übertrieben ekelhaft.
sofia: das machen die safe nicht. also hoff ich mal.
tülay: und was ich noch übertrieben unangenehm fand, waren die leinsamen cracker die es zu den drei scheiben käse für 14 euro oder so gab
sofia: es war auch ein käse, also nicht ne auswahl, sondern drei scheiben vom gleichen käse

tülay: der spargel war übrigens versalzen, falls das jemand vergessen hat

sofia: es gab ja auch noch grünen spargel auf kartoffelpüree. den hab ich gar nicht probiert, weil es der einzige vegetarische hauptgang war und ich den nicht den vegetariern wegessen wollte.

tülay: ich hab das probiert, das war aber jetzt nichts weltbewegendes.

sofia und tülay: die austern waren lecker! mit rhabarber.

sofia: was ich am schwächsten fand war das zander ceviche, das war einfach roher fisch, da war nichts dran, nicht mal salz, die grünen tomaten, die auf der karte standen, waren da auch nicht dran, und ob die peperoni jetzt fermentiert waren oder nicht, darüber lässt sich auch streiten. es gab auch noch wachtel, der salat der da dabei war, war sehr geil, so senfblättter salat mit nem geilen dressing.

tülay: ah, und der rhabarber beim dessert war roh. philipp, willst du auch noch was hinzufügen?

philipp:
ich kann mich an nichts erinnern.

lu:
ich konnte mich leider nicht so gut aufs essen konzentrieren, weil in unserer runde so viele leute waren, die ich nicht gut kenne, aber ich weiss noch, dass ich alles vieeeel zu salzig und die portionen zu klein fand. und ich liebe brot mit käse aber der käsegang da war das erste brot mit käse in meinem leben, das nicht lecker war.

esther:
der weisse spargel bzw die sosse von dem weissen spargel war das salzigste was ich jemals gegessen habe. die austern waren lecker und das ceviche fand ich sehr gut, das war eher puristisch und mit frischen aromen. leider gabs an dem tag keinen alkoholfreien wein, das war glaub einfach pech, deswegen haben lu und ich johannisbeerschorle getrunken.

nathan:
ich weiss nur noch, dass der eine schauspieler von der einen netflix serie am nebentisch sass und das hat mich total abgelenkt. es stimmt wirklich, dass der extrem arrogant und unsympathisch rüberkommt.

Café Konditorei Wahlen

★☆☆☆☆

Hohenstaufenring 64
50674 Köln
Rudolfplatz Gegend

CARMEN ENTSCHULDIGE entschuldige für capslock, das war ausversehen, ich lerne gerade das richtige tippen mit 10 fingern und fühle mich wie eine sekretärin in einer 60er jahre fernsehserie. carmen hat geburtstag und lädt mich ins cafe wahlen ein, mich und noch 6 andere oder so. rückblickend war dieser 1. mai wohl der heisseste tag des jahres, und ich komme verschwitzt mit dem fahrrad da an und betrete das extrem stickige cafe wahlen.

carmen entschuldige, ich weiss du magst es da, und wir hatten einen schönen nachmittag, (vor allem weil jutta die flasche champagner ausgegeben hat (und dann nicht genug geld dabei hatte zum die bezahlen,)) aber cafe wahlen ist einfach nicht gut.
sie sind gar nicht oldschool, das kriegen die nicht mehr hin, sie sind einfach nur schlecht.
der kellner ist kein naturtalent, weder für hier noch allgemein, er ist überambitioniert und sagt so sachen wie, nehmt doch endlich das letzte stück kuchen von der platte, damit ich sie wegräumen kann. christian sagt, der wird nicht alt hier in dem laden und ich sag pscht der hört uns doch.
ich denke mir ok ich nehme jetzt einen guten alten hawaiitoast, so einen hab ich das letzte mal mit 12 gegessen, und er kommt und es ist EINE scheibe toastbrot mit kochschinken, zwei ananasscheiben und 8 scheiben käse belegt, sodass es alles ein käse see ist, garniert mit blaubeeren, erdbeeren, johannisbeeren und himbeeren und einer orangenscheibe und eisbergsalat und petersilie. das ist doch einfach nur krank. und selbst der kuchen, diese buttercreme, eigentlich nein, einfach nein.

Thai Wok

★☆☆☆☆

Severinstr. 78
50678 Köln
Severinsviertel

ich frag mich obs in der südstadt wirklich wenig imbisse gibt und die es gibt besonders schlecht sind, oder ob ich die einfach über hab und es überall (in köln) so wäre, dass ich die in der nähe kaum mehr ertragen könnte obwohl ich nur jeweils 10x in meinem leben dort gewesen bin.

esther und ich sitzen zu hause auf dem sofa mit jacke an schuhen an und wir haben schon so hunger dass wir kaum mehr kraft haben aufzustehen, und ich google im handy die imbisse, aber alle sind schrecklich, und ich schlage einen vor und esther sagt ja und ich sage, nein will ich doch nicht, ich dachte du willst da eh nicht hin und ich kann dann den vorschlag als leverage benutzen um einen anderen vorschlag durchzukriegen. am ende gehen wir zu einem neuen thai imbiss, obwohl die bilder schon zum fürchten aussehen, auf der severinstr.

das ist eigentlich sowas wo ich nicht drüber ein review verfassen würde, weil was soll es. gut es kam eine gruppe rein so eltern und erwachsene kinder und ihre love interests und da gabs aller hand zu belauschen, ihr kennt mich, aber das reicht nicht für ein review von einem imbiss der schlecht aussieht und *oh wunder* auch schlecht ist. die probieren noch 1€ günstiger als alle anderen es zu machen, was ein nobles anliegen ist und ich würde die schon allein deswegen einfach in ruhe lassen. grund warum ich es erwähne ist dass ich eiernudeln mit gemüse bestellt habe und sie mir kleingeschnittene, leicht verkochte barilla bavette nudeln vom netto gegenüber gegeben haben. ich kann es natürlich nicht beweisen, aber ich kann 1 und 1 zusammen zählen. das finde ich berichtens wert, weil alles in allem war es DOG FOOD THEY WERE FEEDING ME DOG FOOD wenn ich depressives reste essen will dann koche ich selber aber es hat mich auch gar nicht überrascht, ich hab es brav aufgegessen und die schnauze gehalten. es ist fast häufiger so, dass das essen so ist als dass es nicht so ist beim essen gehen im lieben colonia. inzwischen, ich koche schon so schlecht wie das essen hier ist, weil ich es so gewöhnt bin.
es gibt ja auch keine guten zutaten im supermarkt aha, früher war alles besser denkt ihr jetzt würde ich sagen aber nEIN war es nicht es war früher schon alles gleich schlecht

ITO

★★☆☆☆

Antwerpener Str. 15
50672 Köln
Belgisches Viertel

auf dem heimweg kommen wir bei so einem deko designartikel laden vorbei und ich sage was über ne besonders schreckliche vase im schaufenster und esther schüttelt es richtig durch und ich zeige auf die 5 vasen und sage: welche würdest du nehmen wenn du eine nehmen MÜSStest und esther sagt, immer willst du das spielen bitte können wir bitte weitergehen. ich schaue mir die vasen an:
der unterschied zu schönen vasen ist gar nicht so gross aber trotzdem fun da men tal. es sind so vasen wie es sie beim lidl gibt und man ist kurz überrascht dass die sowas einigermassen schönes beim lidl haben und dann schaut man genauer hin und sieht in die seele von den vasen und sie sind doch hässlich. ich frage mich halt, ob das so ein class ding ist.
esthers onkel und tante fänden die vasen bestimmt "cool" und ich finde sie vielleicht deshalb hässlich weil ich die codes checke, unterbewusst, und meine kaste ist halt eher so bürgi, pseudo-intellektuell und dann hab ich gedacht dass ich vll kein richtiger gastro kritiker bin sondern ein kunstkritiker.

wenn es also bei ito nicht so latent hotelgastro-schmuddelig wär, und wir nicht wegen vegetarischem menü bei fast jedem gang grünen spargel, der ein ticken zu roh war, gekriegt hätten, wenn die also nach ihren standards, oder nach den standards die ich mir vorstelle dass sie die haben, alles richtig gemacht hätten, dann würde ich vermutlich ITO trotzdem richtig scheisse finden, einfach weil es aus so einem französische hotelgastronomie mässigen universum kommt, und das ist mega konservativ und reaktionär, von der ästhetik her, da kann das sushi und die komischen französischen pralinen zum nachtisch und whatever für schäumchen und kleckschen noch so geil sein, ich finde es aus ästhetik sicht einfach blöd. wenn ich japanisch essen gehe will ich meine vorurteil-erwartungen an japanische küche erfüllt haben, dass es ganz SCHLICHT ist und gut und die einrichtung und brettchen aus hellem holz sind, oder ich will in einen schäbigen laden der nach grillrauch stinkt gehen, wo die vorhang-flagge am eingang schon gelb-grau ist von dem fett und dreck. wahrscheinlich ist das auch konservativ und reaktionär, nur anders.

ich hab dann wie gesagt überlegt ob ich vll kein richtiger gastrokritiker bin sondern ein kunstkritiker, ich bewerte die gastros nur nach ästhetik kriterien. kurz hab ich gedacht, das sei ein problem aber ist es ja garnicht.

★★★★☆

dieses jahr bin ich so viel draussen essen gegangen wie noch nie. was soll ich sagen, es war schrecklich.

der grund dafür war, dass ich 1. dieses buch hier schreiben wollte UNBEDINGT, und die kunststiftung hat mir tatsächlich geld dafür gegeben. nur als ich zu moissonnier wollte war das geld schon alle.

2. sind wir umgezogen, esther und ich, und hatten 2 wochen keine küche, nicht mal ein waschbecken, und ich weiss noch wie ich ein mal heulend auf dem rücken lag, um mich schlagend, esther hatte schon ihre jacke über den arm gelegt und die schuhe an, sie war ganz blass und hat das ende von meinem wutanfall abgewartet, aber ich hab immer weiter geschrien, nein ich will nicht mehr ich kann nicht mehr, keine pizza! kein falafel! nicht zum grünen thai!

3. hat mich svea mitgenommen auf ihre tour, das heisst, dazwischen waren immer auch noch wochenenden mit sachen wie veggie-kentucky-fried-chicken in irgendeinem scheiss hauptbahnhof von irgendeiner peinlichen kleinstadt, wie zb hamburg.

in hamburg war das auch als ich völlig fertig von drei tagen tourleben an meinem sonntag off moritz und jin besucht habe in ihrer neuen wohnung im vorort, und jin uns hot pot gekocht hat. es war windig und kühl und sonnig und die wohnung hat noch nach farbe gerochen und bisschen gehallt und ein staubsauger roboter ist darin rumgefahren. ich hab mit moritz einen text redigiert und schach gespielt, jin war in der küche, es kam mir bisschen komisch vor, so bro mässig, aber dann dachte ich, hm ok bei einer freundin von esther würde ich auch kochen wollen während die was anderes machen. dann hab ich überlegt, dass das noch nie passiert ist…

der hot pot war ein bisschen improvisiert, so sonntags mit den zutaten die noch da waren, im kühlschrank und trocken und eingefroren, und mit einer fertig hotpot mischung hergestellt, so viel hab ich beim kaum was mithelfen dann doch mitgekriegt, so feste, gewürzte fett splitter, aber trotzdem hab ich vor freude geweint beim essen, weil es das erste selbst gekochte gericht war nach wochen, und es so selbst gekocht und geil und real geschmeckt hat. svea hat in der zwischenzeit bei nem imbiss dumplings gegessen und war beleidigt wie ich ihr das foto gezeigt habe, im ice nach cologne.

der food critic von der new york times hat aufgehört, weil es zu ungesund ist, essen gehen. und ich dachte zuerst mir so, haha, nicht so ungesund wie in nem restaurant arbeiten, aber er hat natürlich recht, in restaurants wird einfach ungesund gekocht. und irgendwie dieser consumerism, das rumsitzen, das macht auf dauer richtig unglücklich. ich freu mich so richtig es dann einfach wieder zu lassen.

Boulangerie Merlet

Dürener Str. 100
50931 Köln
Lindenthal

gedicht:
schlange bis raus
2 hochschwangere darin
PAC gut (Pain Au Chocolat)

nachdem ich den kaffee au lait getrunken hatte und das PAC gegessen und noch ein bisschen da sass, es war grad leerer, die kundschaft kommt wirklich in wellen, das ist bei bäckereien immer so, hab ich die frau gefragt ob sie auch belegte baguettes mit käse noch machen, das hatte ich da nämlich mal vor einem halben jahr, nachdem ich mit esther bei der frauenärztin war. und sie sagt, nein, das machen wir nie am samstag, und ich sag, achso, zu viel los, und sie sagt, nein, das machen wir einfach grundsätzlich nicht, und ich sage, ja ich dachte weil samstags zu viel zu tun ist, und sie sagt, nein, und ist jetzt richtig genervt, samstags haben wir so viele andere gute sachen im angebot da braucht es das nicht. ich frage ob sie was vegetarisches herzhaftes haben und sie sagt, nein. nur quiche lorraine. der andere mitarbeiter geht dazwischen, er ist sehr freundlich, er sagt er glaubt es gäbe hinten vielleicht noch eine spinat quiche, er guckt mal, er kommt wieder mit einer mini spinat quiche, in so einem törtchenpapier, er präsentiert sie mir direkt auf seiner handfläche liegend und fragt ob ich sie will, ich sage, ja sehr gerne, und er macht sie mir warm.

Nikko

★★★☆☆

Dürener Str. 89
50931 Köln
Lindenthal
Dauerhaft geschlossen

das war an diesem tag ende april als es plötzlich nach ewigkeiten kälte 26 grad hatte und ich war viel zu warm angezogen bzw hatte ich dann den rucksack voller klamotten. ich komme da hin durch diese indoor draussen situation (ich glaube man nennt es "passage") und gehe langsam drauf zu und denke dass es doch fast gar nicht echt sein kann, dass es das wirklich gibt, dass es auf jeden fall in wahrheit so ein frittierte california roll mit chillimajo und balsamicocreme laden sein muss. aber da ist es: nikko. mit so 80er / 90er japanischer schulstuhl möblierung, slick und cool und schön und einfach. drin ist eine grössere tafel mit kunstwelt leuten die ich aber nicht kenne und ich denke ahhja, bubble-geschmack. ich setze mich, es sind paar tische reserviert, und schaue mir die karte durch, und ich denke, es ist das perfekte wetter für sushi und alkoholfreies bier. die frau kommt und sagt es gibt leider heute kein sushi, nur warme speisen. oh noo denk ich mir und schaue die warmen speisen an, so frittiertes, ne, das will ich nicht. dann entdecke ich kalte soba nudeln, die man in so eine sauce tunkt, und bestelle die. draussen durch eine öffnung oder ein dachfenster in der passage scheint die sonne auf einen kleinen bereich vor dem laden, vor dem copyshop, und eine gruppe schulkinder kommt schreiend und gut gelaunt durch die passage gerannt, ihre schuhsohlen quietschen wie mauersegler. ich sehe sie zuerst von der seite vorbeirennen, und dann durch eine verspiegelte fensterfront schräg zu mir, von mir weg rennen, in klein. das ist der beste ort hier. mein essen kommt und es ist gut, es ist nicht so gastro-mässig, sondern ein bisschen so wie eine oma kocht, nicht so fettig, was, wenn man oft essen geht wie ich grade, so das beste ist was man kriegen kann, wovon aber die leute manchmal enttäuscht sind, weil es nicht so salzig und auf anschlag alles gewürzt und einen-umhauen-mässig ist.

während ich esse ruft die frau hinter dem hellen holzgitter, durch das man so ein bisschen durchsieht, die gäste die reserviert hatten an und sagt, der sushimeister hätte sich leider in die hand geschnitten, deswegen gebe es kein sushi, sie entschuldigt sich extrem oft und sagt, es gab sehr viel blut.

ein älterer mann kommt rein, bisschen dick und mit ausgeblichenen klamotten, und die bedienung gibt ihm die karte, jetzt scheint es wieder sushi zu geben. der mann sagt seine frau kommt erst noch, die findet keinen parkplatz die park situation sei ja ganz schlimm hier, er hat es so wie ein vorwurf gesagt und ich hab gedacht, nimm halt ein taxi. seine frau ist reingekommen und sie

haben die karte angeschaut und so strategien besprochen was wer nimmt, und die bedienung ist gekommen und hat gesagt es tut ihr sehr leid, der koch hat sich in die hand geschnitten, er hat es nochmal probiert aber es geht nicht. die ehe paar leute sind extrem enttäuscht, die frau sagt, sie sind ja zum sushi essen hergekommen! dann müssten sie jetzt wieder gehen. die bedienung entschuldigt sich circa 10 mal, der mann, der zuerst genauso entrüstet ist wie die frau, lässt sich beschwichtigen und sagt sie können ja nichts dafür, sowas passiert eben, aber die frau setzt nochmal nach und sagt so richtig mit zusammengekniffenen lippen und gleichzeitg in gespielt höflichem tonfall, das ist ja schon peinlich, dass sie nur einen haben der das suhsi machen kann. dann platzt mir der kragen (sie sitzen am tisch neben meinem) und ich sage, das ist ein handwerksbetrieb und sushi machen ist ein handwerk, das muss man halt können, und sie sollen doch zu sweet sushi gehen oder besser gleich zu rewe für ihr sushi. die frau sagt, ist gut (oder sowas) und sie gehen, und ich hab ein schlechtes gewissen weil ich denke, vielleicht sind es stammkunden, und ich entschuldige mich bei der frau fürs einmischen aber sie ist zu mir natürlich genau so freundlich wie zu denen und sagt, kein problem.

Nikko 2

ich bin bei der französischen bäckerei gewesen und gehe über die strasse und reibe mir schon die hände und denke soo jetzt esse ich noch das sushi bei nikko, meinem zukünftigen lieblingsladen und schreibe dann das review und dann stehe ich vor der tür und es hat zu, und ich sehe sofort, ich checke es in sekunden bruchteilen ab mit meinem super gastro blick, dass da so verkrumpelte briefe unter dem türschlitz liegen und dass KEIN schild in der tür hängt wann sie wieder da sind und ich zücke das google maps und nikko hat einfach **Dauerhaft geschlossen**.

ich laufe ein bisschen rum, durch dieses center ding, es ist kleiner als ich es mir vorgestellt habe, schaue mir das nikko von allen seiten an, hinten, wo die sonne draufscheint, ist ein verblichenes nikko logo in der alten schrift noch. dann gehe ich in den kiosk vorne und kaufe eine 0,5l flasche wasser mit mikroplastik für 2,50€ und frage den kiosk besitzer was da los ist. der kioskbesitzer, wie soll ich sagen, er hat MEINUNGEN. ich fühle mich wie ein detektiv vom detektivbüro. ich sag, ah hier, das wasser bitte, ah mh der sushiladen, hat der zu gemacht oder was? ist nicht mal ein schild dran? der kioskbesitzer sagt ja, anscheinend, mit mir redet der besitzer ja nicht! aber dass da kein schild ist daran sieht man, was der für einer ist. die frau war ja noch nett, kennst du die frau? ich sag, die ältere oder die jüngere, und er sagt die jüngere war angestellt die ältere war die freundin vom alten besitzer, und als der gestorben ist, ist plötzlich der neue besitzer, ihr sohn, aufgetaucht, es gibt auch einen rechtsstreit weil der laden ja eigentlich dem sohn vom alten besitzer gehört.
ich nehme einen schluck von dem wasser.
er hat hingeschmissen, das ist passiert, und ist einfach gegangen. der laden hätte eben mit der zeit gehen müssen, die leute wollen nicht mehr essen und es soll einfach lecker sein, die wollen was erleben! ich sag, ja aber es war halt echtes essen, nahrung, weisst du, und er sagt aber nur, er isst kein sushi er weiss nicht wie es da war.

tja liebe freunde, so ist das eben. der gasto guide ist immer nur eine momentaufnahme von gastro, es ist so anders als vor 8 jahren, alles ändert sich immer schneller mit den horrenden mieten, ein ständiger wechsel, alles macht auf und macht zu, wie die natur hahahahah

Knaub auf dem Wochenmarkt am Sudermannplatz

★★★☆☆

Sudermannplatz
50670 Köln
Agnesviertel

sofia und ich stehen vor dem bild von den verschiedenen panini bei picos büdchen an der agneskirche und schauen bisschen unglücklich die an, wir waren da beide schon zu oft. oder ist heute nicht markt? sagt sofia und wir gehen zum markt zum reibekuchen heinz, vorbei an cafe dum und dem haus wo meine schwester früher gewohnt hat. beim markt bauen sie grade alles ab, die gemüsestände, aber der reibekuchenstand ist immer noch länger da, das weiss ich schon. der fischstand ist auch noch da, und sofia sagt, ah oder fischbrötchen? da war ich noch nie. die putzen grade schon und der mann sagt, wisst ihr was hier heute los war, der ist fix und fertig. wir sagen wir wollen ein fischbrötchen, und der sagt, dann müsst ihr zum bäckerstand und brötchen holen und sie mir bringen. HAMMER denk ich, ein quest, und wir kaufen die brötchen und bringen sie ihm. dann kriegt er wie so einen ganz leichten irren blick in die augen, der fisch mann, und fragt: oder wollt ihr was richtig gutes? er schickt den azubi zum reibekuchen heinz gegenüber, und der kauft dort zwei reibekuchen, und dann macht der fischmann uns gebackener seelachs mit reibekuchen und senfsauce brötchen und wir essen sie auf der bank auf dem sudermannplatz und es ist wirklich sehr lecker und wir fühlen uns wie in so einer essens travel sendung wo die hälfte in wahrheit gescriptet ist und wir können unser neu gefundenes geheimwissen und glück kaum glauben.

Bäckerei Heinemann

Dürener Str. 126
50931 Köln
Lindenthal

wir kommen aus der uniklinik und sind gut drauf, so ein bisschen gelöst, auch wenn wir echt absurde sachen da erlebt haben, wir haben glaub ich 5 verschiedene wartemarken gezogen, die rezeptionistinnen haben sich durch kleine geheimgänge gegenseitig besucht, während wir aussenrum zwischen den rezeptionen herumgegangen sind, aber sie haben es trotzdem nicht geschafft, esther ins system einzupflegen. es ist später vormittag aber wir haben noch nicht gefrühstückt. wir wollen zu merlet, davon werde ich noch besser drauf. wir wollen zu merlet obwohl es nicht grade auf dem weg liegt, aber wir haben beide bisschen zeit. das ist schön, so eine unerwartete freizeit tasche, in der man dann ganz entspannt rumläuft.

leider merlet hat heute zu. wir sind jetzt ganz ganz schlecht gelaunt. wir denken an die pains au chocolat, den kaffee. die normal-hässliche einrichtung. wir drücken unsere nasen an die scheiben und unsere gesichter werden so lang wie baguettes. wir schauen uns an und wir schlucken beide gleichzeitig und seufzen gleichzeitig und sagen gleichzeitig: dann gehen wir halt zu [prôt]. auf dem weg zu [prôt] schaue ich auf google maps nach, ob [prôt] offen hat und das beschissene [prôt] hat auch zu. an der ecke ist ein heinemann.

bei heinemann ist richtig was los. es ist so der treffpunkt von den alten männern von lindenthal. bestimmt 150 alte männer drängen sich an den tischen, stehen aussenrum, sitzen in der tablettrückgabe oder drücken sich an der auslage herum. sie unterhalten sich über den FC und autos und krankheiten, aber so auf so eine bürgerliche art. hier ist also das zentrum von lindenthal, das was in der südstadt früher die hütten bäckerei war und jetzt zersplittert ist auf verschiedene bäckereien und cafés, das was der heinemann im agnesviertel ist.

ich würde so gerne mitmachen. ich bin alt genug! nur ich ertrage die brötchen nicht und die berliner auch nicht und die brote auch nicht und den kuchen auch nicht und vor allem nicht den kaffee. und die gespräche auch nicht und die oster/ sonstige dekoration auch nicht, eigentlich nichts daran. aber immernoch besser als die ganzen scheiss kaffeeröster cafés.

Chennai Chef

★★★★☆

Amsterdamer Str. 127
50735 Köln
Nippes

ich sitze im dunkeln am schreibtisch am laptop und übe 10 finger technik, das ist zur zeit meine art von schreibblockade ausleben. es ist 10 uhr abends und dunkel draussen, vor 4 wochen wars um die zeit noch hell. wenn ich draussen bin irgendwo wo ein paar pflanzen sind, riecht es schon wie ende august, so diese kühlere wärme und heu und obstbäume und irgendwie müde werdender sommer. ich liebe die jahrzeszeit, aber die macht mich auch traurig sehr, ich weiss nicht warum, ich denk dann immer an geburtstage als ich klein war, 10, und mich so gefreut habe aber auch einen riesen kloss im hals hatte.

joram ruft an, ich seh es zuerst nicht und denke dann, digger um die uhrzeit willst du das buch besprechen, ich ar bei te, während ich einen kleinen zeichentrick ninja durch sehr schnelles tippen der worte KINDER, FAHRRADFAHRER, BESONDERES, dazu bewege, einen yeti in einer schneelandschaft mit gegenständen zu bewerfen. mir fällt ein, dass joram gerade in LA ist, stipendium, und ich rufe ihn zurück. der erzählt mir von dem essen; tacos, ceviche, und dass er einmal am tag denkt, das ist das beste was ich je gegessen habe. ich werde ziemlich genervt, weil ich hier in der food desert köln hocke, und sage er soll mir das alles erzählen wenn er zurück ist. ich will es ja schon hören und fotos sehen usw, ich sag, ich weiss nicht mehr, wann mir das passiert ist das letzte mal, und joram sagt, ja in köln ist das ziemlich selten. dann reden wir über das buch und die zeichnungen.

das letze mal, dass ich das dachte, naja vll nicht das beste essen meines lebens aber das beste essen meines lebens in köln, war bei chennai chef. bzw als ich zum ersten mal bei chennai chef war, die anderen beiden male nicht mehr, und ich frag mich ob es das eine mal einfach besonders gut war, oder es war weil ich da zum ersten mal dort war.

ich komme da an und denke zuerst es hat schon wieder zu, aber der rollladen von dem einen fenster an der seite ist immer unten. ich gehe vorne durch den kiosk und nach hinten durch in den gastraum. draussen die strasse ist leer aber hier drinnen ist es komplett voll, und ich muss eine weile warten bis ich einen platz kriege. die wände sind aufwändig bemalt mit so zier mauer optik, ornamenten, tapeten und gemälden von mit blumen geschmückten stieren, heiligen und gottheiten. es gibt neonlicht, die schwarzen bistro tische sitzen alle voll, hauptsächlich mit ernsthaften foodies in spiessigen klamotten, keine hipsters, das fällt mir sofort auf. vielleicht auch leute die einfach da in der nähe wohnen, aber es sind definitiv einige foodies dabei. zwei von den foodies gehen und ein mitarbeiter räumt mir schnell den tisch frei und desinfiziert und wischt den ab. das ist lustig, sowas machen die in den restaurants in der südstadt nie, meistens lassen die sogar die krümel liegen wenn man nichts sagt, aber hier hinten drin im kiosk sind sie richtig auf zack. es ist auch traurig, das ist immer bei solchen läden, wo sie am saubersten sind, über die die deutschen dann trotzdem rassistisch sagen die seien schmutzig. so wie, dass esthers arbeiterklasse oma so obsessed mit sauberkeit ist.

die besitzerin kommt und legt mir ne karte hin und fragt dann aber ob ich schon weiss was ich will. ich frag sie ob sie masala dosa haben und sie sagt ja sicher und ich sag, dann das und ne cola und dann lächelt sie mini kurz und ich denke, yessss ich hab das coole bestellt und bin cool, heisst das.

es ist wirklich die hölle los. ich warte schon 30 minuten auf mein essen, in der offenen küche arbeiten mindestens 4 leute, die sich sehr beeilen. meine riesige cola ist schon fast leer. die gastgeberin ruft mir beschwichtigend zu, gleich fertig, der koch kurz später ruft mir beschwichtigend zu, gleich fertig. ich sag denen alles gut hab keine eile, zeige daumen hoch. ich wunder mich zuerst, warum die das so sehr machen, dann fällt mir auf dass ich sie die ganze zeit anschaue, na klar, dabei will ich ja nur alles mitkriegen alles aufsaugen für euch, liebe leser*innen. ich hätte mir ein buch mitbringen sollen.

das masala dosa kommt und es sieht toll aus, ein grosser knuspriger pfannkuchen einmal umgefaltet, und daneben ein weisslicher und ein roter klecks sauce und eine kleine schüssel mit dhal. ich frage mich wie dieses perfekte spiralförmige muster im teig entsteht, aus hell und dunkel, ob die mit der kelle so einen kreis ziehen und dann ist er immer ein bisschen dicker dünner dicker dünner, und wird entsprechend schneller dunkel oder bleibt hell. es ist einfach nur köstlich, ich kann es nicht glauben sowas gutes in köln essen zu dürfen, alles ist perfekt abgeschmeckt, echtes, frisch gekochtes essen.

zwei frauen am nebentisch haben auch masala dosa bestellt, und wie es kommt fragen sie genau, was was ist und was jeweils drin ist.
das masala dosa ist gefüllt mit kartoffelstampf mit kraut und kurkuma, die eine sauce ist auf kokos basis, im dhal sind grüne chilli, den rest habe ich vergessen. mir fällt auf, dass ich über sowas nie gross nachdenke, ich versuche normalerweise nicht zu analysieren was jetzt die genauen zutaten sind, und ich frage vor allem meistens nicht nach. jonathan gold, der

gastrokritiker von der LA times, hätte IMMER gefragt. vielleicht muss ich mal damit anfangen. der hat aber auch einmal am tag das beste essen seines lebens gegessen, da wird man das gewöhnt. in köln wärs dann oft so, aha und wie habt ihr das tiefkühlgemüse aufgetaut? und diesen berg eisbergsalat tut ihr da rein als füllstoff? gastrokritiker in LA sein muss der beste job der welt sein. leider ist er daran gestorben, bauchspeicheldrüsenkrebs, mit ende 50.

die gastgeberin fragt, ob ich noch einen nachschlag dhal haben will, aber ich will lieber einen rüben pudding zum nachtisch. sie ist glaub doch einfach so nett zu allen, nicht zu mir weil ich das richtige bestellt habe, und nicht was von der standard-indisches-restaurant-karte. sie nimmt das trinkgeld nicht an, weil ich so lang warten musste. sie hat so krasse gastgeberinnen hospitality skills. ich versuche es noch zweimal und dann stecke ich das rückgeld ein und gehe raus. wie gesagt, die anderen male wars nicht mehr so ein *life changing meal is what i walked away thinking*, schon noch gut aber.

D'Amore

Deutz-Mülheimer Str. 326
51063 Köln
Mülheim

★★☆☆☆

nathan und ich waren grad bei chennai chef und jetzt stehen wir an der station amsterdamer str / gürtel und warten auf die 16, die uns zurück bringen soll in die stadt. weil wir beide sprunghaft aber gleichzeitig auch gewissenhaft sind, lassen wir das gespräch nicht einfach so dahin springen und plätschern, sondern reden über 4-6 sachen gleichzeitig, wir fangen immer wieder mit den themen an, die wir zwischendurch vergessen hatten.

es geht darum, ob wir jetzt noch bei mir die küchenarbeitsplatte festschrauben sollen und mit welchem werkzeug, ob wir das bei der halle holen sollen, warum nathan aus der halle aussteigt, was er mit den zucchinipflänzchen jetzt machen soll wo er nicht mehr in der gartengruppe von der halle ist, ob wir noch caipirinhas machen sollen weil nathan zu hause diesen schnaps dafür hat und wir bei der halle beim werkzeug holen minze mitnehmen könnten. dass er angefangen hat caipirinhas wieder gut zu finden weil er und anton bei amore waren und da es so geile cocktails gab, und sie anton zweimal einen neuen gemacht haben, weil er ihn umgeworfen hat. ich sage dass ich gestern bei amore war, moritz hat mir das empfohlen, und es nicht so gut fand. nathan ist schockiert. nathan erzählt, dass anton sein motorrad aus köln nach stuttgart gefahren hat um es dort zu verkaufen weil er so pleite ist, und kurz vor stuttgart ist er gegen einen bordstein gefahren und jetzt ist das motorrad schrott. jedenfalls waren sie zu dritt bei amore, anton und nathan und jakob. jakob hatte die vegane pizza. nathan fällt auf dass jakob hier ganz in der nähe wohnt, stimmt und das war ja grade alles vegan bei chennai chef, dann kann er mit jakob da mal hingehen. ich frag nathan wie er chennai chef fand, ich bin ein bisschen traurig weil diesmal war es gut aber beim letzten mal, als ich alleine da war, war es alles perfekt einfach. nathan sagt, ja war schon gut, das eine war verbrannt bisschen halt. ich frag nathan, ob caipirinha nicht ohne minze gemacht wird. nathan meint dass ichs bestimmt deshalb nicht so geil fand weil ich keinen cocktail getrunken habe. ich hab gesagt ich würde nie cocktails in einem restaurant trinken. ich glaube weil sie auch vegan ist, aber es geht um lisa. ich sage ich wusste gar nicht dass nathan und sie befreundet sind. ich frag nathan ob der uns verfreundkuppeln kann. früher war ich nur mit frauen befreundet aber neuerdings nur noch mit männern. sie haben anton 2 mal einen neuen cocktail gemacht weil er den umgeworfen hat, so nett sind die bei amore, aber die gläser sind auch so rundlich und fallen sehr leicht um, das haben sie auch gesagt, das ist wegen den gläsern. wir überlegen was wir jetzt für die cocktails brauchen. ich sag, ich weiss nicht ob ich cocktails will, weil mir ist bisschen schlecht, und nathan sagt, das ist weil du cola bestellt hast, und ich sag, man muss bei so indischen und srilankesischen restaurants cola bestellen weil die leute die da her kommen machen das auch. das ist authentic, ausserdem ist das dann so ah, der checkt es, und sie sind netter, wie so ein geheimes menu item, masala dosa und cola, und dann ist man cool. ich frag nathan ob er was von marieke gehört hat, weil mit der war ich früher befreundet. sie geht zu pro palestine demos und deshalb haben irgendwelche scheiss antideutschen sie gedoxxt. nathan fragt warum ich es nicht geil fand. ich fange an von der pizza zu erzählen: halb getrocknete tomaten und so creme kleckse von irgendeiner langweiligen creme die nach parmesan schmecken soll, und aubergine und viel zu viel drauf und langweiliger teig. nathan meint dass er nochmal bei lai de hao war, und jakob hat so einen tee mit jelly bestellt der garnicht auf der karte war, und die sind so voll ausgeflippt und meinten das haben sie von der karte genommen weil es den deutschen nicht schmeckt, und dann haben sie nathan und jakob einen gemacht und der war voll lecker und ausserdem haben sie sonderbehandlung gekriegt und so kleine extra speisen umsonst. ich wische durch google maps und zeige ihm die pizza die ich hatte, nathan schaut sich die an und dann wischt er durch die anderen pizzen und sagt, DAS ALLES habt ihr gegessen? und ich sag, nee das ist google maps, ich war da allein. und er sagt, achsoo na du hättest natürlich die sternförmige nehmen müssen. ich frag was für eine sternförmige und nathan fragt was wir denn jetzt aus der halle für werkzeug brauchen, und ich sag, ne ratsche und lange dübel und lange schrauben. ich hab riesige löcher gebohrt weil svea mich dazu angestiftet hat, dass ich die löcher riesig machen soll und ich hab ihr natürlich geglaubt dass die platte sonst nicht hält, ich hab keine ahnung von sowas, die ist an allem schuld. nathan sagt, du hast ja doch frauen freundinnen und ich sag, ich hab lisa und maja früher immer für die gleiche person gehalten weil mein dorf gehirn sich nicht so viele verschiedene leute merken kann und deshalb manchmal zwei leute als 1 person zusammenfasst. nathan sagt, wassss warum du kannst doch nicht die beiden zusammenfassen die sehen sich nicht mal ähnlich und lisa ist cool und maja ist sooo schlimm und ich mach die augen zu und versuche die gesichter auseinanderzuhalten. nathan fragt was er denn jetzt mit den zucchinipflänzchen machen soll, und ich sag, schenk sie halt denen von der halle oder jemand von meinem gemeinschaftsgarten und nathan sagt er hat sich jetzt so lang um die gekümmert und ich sag, dann brauchst du einen garten. nathan sagt wir brauchen auch noch was zum in die löcher stopfen, falls die zu gross für die dübel sind, und ich sag dass es eig gut ist dass svea nicht mitgekommen ist, weil die heute bei chennai chef keinen so guten tag hatten. nathan sagt von maja kann er mir soo schlimme stories erzählen und ich sag, ja bitte und nathan sagt, später, weil wir inzwischen in der vollen bahn sitzen, und köln ist klein. wir zählen auf was wir alles brauchen aus der halle: minze, eine ratsche, dübel, schrauben, eiswürfel. nathan sagt dass über die ränder schinken gelegt ist, von den zacken von dem stern, und ich sag ich will jetzt die stories hören, von maja. nathan sagt er steigt bei der halle aus, weil die so unordentlich sind. ich frag was lisa eig so macht und nathan sagt cbd vapen und koksen und ich sag ich will doch nicht dass er uns verfreundkuppelt. nathan meint dass es marieke glaub ganz gut geht, und in der mitte ist ein burrata bei der sternförmigen pizza, und ich sage, that sounds AWFUL SO EINE SCHINKENRAND PIZZA und in der mitte dann so ein kühlschrank mozzarella. nathan fragt nochmal, was für eine pizza ich hatte. ich sag, mit getrockneten tomaten und parmesancreme, ich hätte es besser wissen müssen, ich finde das klingt schon allein gAR nicht lecker, aber die anderen irgendwie auch nicht besser, die vegetarischen. wir gehen nochmal die zutaten für die arbeitsplatte durch: dübel, minze und die mit stern im namen da wusste ich ja gar nicht dass da auch ein stern drin ist sozusagen. ich versuche in mich zu gehen und herauszufinden was es ist, und nathan es zu erklären, ich glaub es geht um ästhetik und um klasse, wie immer – also ich fand es jetzt nicht schlecht wegen der ästhetik. ich fande einfach die rezepte von der pizza nicht so toll, zu nuller jahre, und den teig nicht soo gut. nathan sagt er glaubt es ist wegen der erftstadtästhetik, so cocktails und plastik deko und es glitzert und dann war er einfach komplett auf dem falschen fuss erwischt weil die pizza lecker war. hm ok ich verstehe, sag ich. ich frag mich nur warum moritz es dann da so geil fand.

Pizzeria da Antonio

Schiefersburger Weg 32
50739 Köln
Nippes

esther und ich gehen eine pizza essen bei diesem laden ganz hinten in nippes, weil wir mit dem auto von esthers eltern unterwegs sind und man da gut parken kann und es liegt auch fast auf dem weg.

da hinten in nippes sind überall nur leute die aussehen als ob die italiener*innen wären, die stehen auf der strasse und quatschen oder fahren in apes oder in cabriolets vorbei oder mit einkaufs taschen wägelchen oder die kinder springen seil während die omas sich unterhalten auf dem gehweg und wir staunen und denken, das wussten wir nicht! auf dem platz mit den tischen draussen von da antonio ist es sehr heiss, vom asphalt, und die hitze staut sich unter den coca cola zero schirmen unter denen wir ausserdem aussehen wie das fleisch in einer metzgerei auslage. es sind mehrere flachbauten und die getränke holt der sehr tätowierte und muskulöse und braun gebrannte mann aus dem einen flachbau ganz hinten wo da antonio drauf steht und die pizza aus dem anderen, wo der pizzaiolo, der aussieht als ob er der chef wäre, uns ausserdem fröhlich daraus zuwinkt. die anderen läden von dem flachbau sind ein waschmaschinen laden mit waschmaschinen davor und noch zwei andere, von denen einer leer steht.

es ist sehr leckere neapolitanische pizza und die zitronenlimo schmeckt heute auch gut. wie wir zahlen wollen und die restliche pizza einpacken lassen, ist plötzlich grade niemand da, und ich gehe mit dem teller mit dem rest pizza zu der theke, links ist das toilettenschild und daneben ist eine tür offen, ich gehe durch und komme zu einer art kleinem hof, da ist eine krähe mit einem runterhängenden flügel. ich gehe in die hocke, mit dem pizzateller noch in der hand, und rede leise mit der, sie läuft langsam auf mich zu, legt den kopf schräg und macht ein ganz leises geräusch, ungefähr „gurg?". der pizzaiolo ist zurück und klappert in der küche und ich dreh mich um, und wie ich wieder hingucke ist die krähe weggehopst und ich seh sie nur noch zwischen einem geparkten auto und einer mülltonne verschwinden.

auf dem weg zurück zum auto zum aus der stadt rausfahren, schreibe ich moritz und frage den, warum er es jetzt bei amore so gut fand, und der sagt, pizza ist ja wie leistungssport, ist immer auch abhängig von der tagesform und ich frag den, von der eigenen oder von der von dem pizzabäcker und moritz sagt, beides.

das gute an pusteblume ist, dass man sich nicht fühlt wie in köln. ich sitze gegenüber von marieke und hab schon was getrunken. bei pusteblume ist alles komplett vegan und die frischen zutaten saisonal und regional und es gibt drei vorspeisen zwei hauptspeisen und zwei nachtische zur auswahl, und wir nehmen alle, und die vorspeise die am besten klingt zweimal, sodass wir jeder ein 4 gänge menü haben. also eigentlich ein 7 gänge menü, weil wir uns alles teilen.

ich habe eine art resto anxiety entwickelt, nicht erst seit ich für das buch hier essen gehe sondern es hat schon früher angefangen. ich kann gut performen im restaurant aber ich bin dann innerlich gestresst, was falsch zu machen oder respektlos zu sein, zu wenig trinkgeld zu geben oder sonst was. inzwischen bin ich fast an dem punkt dass ich es immer komplett stressig finde, essen zu gehen, weil ich dann so eine rolle spielen muss die ganze zeit. am schlimmsten am allerschlimmsten ist es aber bei teuren restaurants. ich habe stress was falsch zu machen und ich fühle mich gleichzeitig so schuldig, so viel geld auszugeben, dass ich gar keinen hunger habe, dass mir komplett der appetit vergeht und ich nur noch nach hause will. die einzige ausnahme davon ist pusteblume essen und trinken, wegen dem life hack mit dem 7 gänge menü für circa 100€ pro person.
ich gehe immer nur mit marieke dort hin, weil es ist in so einer seitenstrasse in so einem viertel weit draussen und nur sie kennt den weg.

ich mache immernoch keinen sport
ich weiss immer noch nicht, wie man das macht, „politisch" zu sein oder zumindest nicht ganz so complicit, oder wo anfangen an einer stelle und nicht nur den kopf einziehen.
ich kann inzwischen sehr gut einfache sachen kochen.
ich hab inzwischen angst vor jugendlichen
ich hab keine angst mehr vor lesungen
ich fühl mich schuldig über die läden und vor allem über leute zu schreiben und zu urteilen aber irgendwie raus aus der nummer komme ich jetzt auch nicht mehr.
ich weine öfters als früher, meistens bei hollywoodfilmen.
es wird immernoch alles immer schlimmer und hoffnungsloser jedes jahr
es trauen sich die normalen leute jetzt wieder zu sagen dass sie angst vor ausländern haben und deshalb die ausländer weg sollen.
es ist spätsommer, später spätsommer.
ich bin inzwischen ein noch schlechterer vegetarier, vermutlich der schlechteste von allen und ich fühle mich damit meistens sehr wohl.

ich vertrage keinen wein mehr und kein bier und kein alkoholfreies bier und keinen kaffee und kein koffein und bald auch kein sprudelwasser mehr.

ich hab zucchini gezogen und bohnen und tomaten im gemeinschaftsgarten und mangold und gurken und erbsen aber die erbsen sind krank geworden und die bohnen sind umgefallen.

ich träume manchmal davon ein restaurant aufzumachen in dem dorf von meinen eltern mit einem garten, aber nicht in echt ich bin ja nicht blöd.

anscheinend pusteblume essen und trinken ist von so einer milliardärin gesponsert, die eine erbin ist von einer schuhfirma oder einer schinkenfirma oder einer küchenmaschinenfirma mit nazivergangenheit.

eine von den vorspeisen ist eine art qualle aus pilzen, die auf einem zylinder aus polenta sitzt in einer brühe, die sich irgendwie bewegt. ich will fragen wie sie das machen, dass die brühe sich bewegt aber die kellnerin erklärt mir nur nochmal die zutaten mit ihrem einstudierten satz.

an dem tisch neben uns sitzen zwei frauen, die eine hat dünne haut und keine augenbrauen und keine haare und ein tuch um den kopf gewickelt. sie wirkt über das essen ziemlich enttäuscht und stochert wütend und traurig mit der gabel dadrin rum während die andere ihr unsicher von ihrem neuen sofa erzählt.

das beste gericht ist der hauptgang, so ein kartoffelstampf der in einem grünen öl liegt und mit frittierten kapern und einer grünen dicken mousse belegt ist aus der kleine pflanzen wachsen und über alles ist zitronenschale gerieben wie parmesan.

die köche sind alle muskulös und haben ganz viele tattoos und sind auf pep. sie sehen aus wie ex-knacki köche in einem studio ghibli film. ich schau denen ein bisschen zu, jetzt vom wein von der resto anxiety kurzzeitig erlöst, und flüster marieke zu ob sie den einen sieht mit den ganzen ringen an den fingern, und er hat sich schon zweimal durch die haare gestrichen seit ich hinschaue. aus der küche von der gaststätte schwank (da hab ich mal kurz gearbeitet) würde der sofort rausfliegen. der koch merkt dass ich ihn anschaue und starrt irre und paranoid vor sich hin mit seinen handteller grossen pupillen während er gemüsestückchen auf teller drapiert.

ich hab zu viel wein getrunken, weinbegleitung, marieke trinkt keinen alkohol mehr aber ich hab schon wieder den fehler gemacht, einen aperitif zu bestellen als ich auf sie gewartet habe, und so auf leeren magen da bin ich direkt betrunken. der nachtisch ist ein goldenes cannolo mit einer weisse schokolade creme gefüllt und einer verbrannten scheibe birne daneben und einer rote rüben sauce und anis-minze. ich glaube meine resto anxiety oder diese schuld gefühle sind nicht nur wenn es teuer ist, das essen gehen und konsumieren und geniessen sollen löst inzwischen irgendwas schlechtes bei mir aus, eine mischung aus sterblichkeit bewusst werden und kapitalismus fatigue die ich nicht so ganz beschreiben kann.

wir zahlen und gehen raus. pusteblume hat nur im wohl temperierten innenraum sitzplätze, und draussen ist es trotz september und obwohl es schon nach 10 ist ziemlich heiss. wir gehen ein paar schritte zu einer kneipe und da sind jonas, esther, philipp, der aus berlin da ist, david, nathan, lu und noch 5-6 andere, die sich angeregt mit leisen stimmen unterhalten. das gespräch geht um muster, also karo streifen schachbrett, und über webstühle und sowas. ich bestelle eine butterbrezel und einen rollmops. ich trinke bier aus einem geeisten glaskrug und kriege schon leichte kopfschmerzen. morgen werde ich einen kater kriegen und doppelte resto anxiety. esther und philipp waren bei einer museumsnacht zum thema wasser und jetzt reden sie nur in blubbernden rauschenden bach geräuschen und wir verstehen die nicht. lu fragt wie es war und wie ich erzähle sagt jonas er will da auch mal hin, und ich sage er muss da unbedingt mal hin. der rollmops und die brezel schmecken sehr gut.

Caféhaus Römerpark

Teutoburger Str. 42
50678 Köln
Südstadt

ich sitze im römercafe und trinke einen schlechten kaffee und esse einen sehr leckeren crepe mit joghurt und himbeeren, es ist ein spätsommerlicher kühl-sonniger tag. die leute an dem tisch hinter mir, zwei frauen in meinem alter, reden über irgendwelche nachhaltigkeitsprojekte in der eu und es ist so greenwashing-mässig und neoliberal dass ich fast kotzen muss und nie wieder einen fuss in die südstadt setzen will. gestern hab ich noch david und nathan vorgeschwärmt wie schön es hier doch ist, wir liefen da so rum aber es hatten alle eisdielen schon zu oder ruhetag, ausser [ais] aber da gehen wir aus prinzip nicht hin. leute, sag ich, ihr wisst nicht wie schön es hier ist.
ich war davor in gelsenkirchen gewesen.

nathan sagt, er weiss es sehr wohl und david sagt er wohnt nicht mehr in der südstadt, aber ja gelsenkirchen sei krass, er war da immer bei den fussballspielen, es sähe da aus wie im bürgerkrieg; unverputzte häuser, ruinen, müllberge, einschusslöcher überall.
es sei wirklich nochmal ein komplett anderes pflaster als zb dortmund. ich sag das mit dem bürgerkrieg kann ich jetzt nicht so ganz bestätigen, vielleicht haben sie aufgeräumt für die EM, aber ja es ist nochmal komplett anders als dortmund, ich kann zum ersten mal leute verstehen, die es in dortmund "nett" finden. es kommt halt auf die perspektive an.

in gelsenkirchen hab ich akın getroffen, der kommt daher und ist vor kurzem wieder hingezogen. der hat in hamburg studiert und dann mit seiner jungen familie in düsseldorf gewohnt, in einem günstigen viertel, und dann haben sie sich überlegt dass sie dann auch genauso gut ins ruhrgebiet ziehen können, da ist es genauso hässlich und abgefuckt aber viel günstiger. die kinder sind jetzt in einem waldkindergarten direkt am park, das können sich in düsseldorf nur die oberen 5% leisten.

zu david und nathan sag ich, und das essen war so schlecht da, die eiscreme, und akın hat gesagt, das ist das beste eis der stadt. es ist aber das, was es überall gibt und was überall gleich ekelhaft ist, zusammengerührt aus pulver. david sagt, es ist überall gleich schlecht in den kleinstädten, ausser in brühl, da sei es "nett" und ich sage, spinnst du da ist es doch nicht nett warst du da mal essen weisst du wie schlimm es da ist und david sagt, nein, nur mit dem fahrrad durchgefahren. ich sag, dass ich manchmal überlege zu meinen eltern zu ziehen, nach oberschwaben aufs dorf, und david fragt was hat das denn damit zu tun, und ich sag, weil ich so angst habe, dass esther und ich sonst aus versehen nach erftstadt ziehen oder nach brühl oder gelsenkirchen, weil wir uns südstadt nicht mehr leisten können, und david sagt ja, das hat er sich auch schon gefragt, wo man hin soll wenn man wohnraum braucht zum ein kind grossziehen. und dann gehen wir zu nathan nachhause und trinken wasser und er versucht uns skat beizubringen.

Julius Vapiano

GASTRO GUIDE 24

GASTRO GUIDE 24

It Tastes Like Ashes

ZEICHNUNGEN
VON
Joram Schön

ich war zwischen april 2023 und august 2024 bei den läden, bei den meisten januar - mai 2024. ich wollte immer mehrmals hingehen aber dafür hab ich nicht das geld und nicht die kraft. es ist vermutlich ein teil gelogen oder erfunden.

die sterne beziehen sich auf den gesamteindruck.

★☆☆☆☆ nicht ok
★★☆☆☆ ok
★★★☆☆ gut - sehr gut
★★★★☆ sehr gut - sehr sehr gut
★★★★★ *life changing meal is what i walked away thinking*

danke esther und danke nathan.
ausserdem noch danke an moritz, jonas, svea, david, lu, sofia, tülay, philipp, paula und tabea für gastro tips und essen gehen.

tasteslikeashes.de

strzelecki-books.com/tasteslikeashes

Impressum

It Tastes Like Ashes – Gastro Guide 24

Text:
Julius Vapiano

Zeichnungen:
Joram Schön

Grafische Gestaltung:
Studio Carmen Strzelecki, Köln

Druck:
Kerschoffset, Zagreb

© 2024 Strzelecki*Books* und der Autor

ISBN: 978-3-910298-25-5

strzelecki-books.com

Bei Strzelecki*Books* sind von Julius Vapiano erschienen:

HOW TO... COOK
11 Tränen
HOW TO... CAFÉ LIFE
It Tastes Like Ashes – Gratis Kritik 1-4
It Tastes Like Ashes – Ihr Gastro Guide

Kunststiftung
NRW

Englisch
Grundgrammatik
Kurzausgabe

von
R. Hellyer-Jones und
P. Lampater

Ernst Klett Verlag
Stuttgart • Leipzig

1. Auflage   1 ⁹ ⁸ ⁷ ⁶ ⁵ | 27 26 25 24 23

Autorinnen und Autoren: Prof. Dr. Friedrich Ungerer, München; Dr. Peter Pasch, Tübingen; Peter Lampater und Rosemary Hellyer-Jones M. A., Ehingen (Donau) unter Mitwirkung von Claudia Fiederle-Filk, Kirchzarten

Redaktion: Katrin George; Inge Schäfer

Gestaltung: Meike Haas
Illustrationen: Dorothee Wolters, Köln
Satz: Druckmedienzentrum Gotha GmbH, Gotha
Reproduktion: Isabella Helm Medienproduktion, Herrenberg
Druck: AZ Druck und Datentechnik GmbH, Kempten

Printed in Germany
ISBN 978-3-12-511512-5